DAILY20日間

D1741525

英検2級集中ゼミ

[改訂新版]

The EIKEN Test
in Practical English
Proficiency

一次試験対策

Obunsha

英検とは

　文部科学省後援　実用英語技能検定（通称：英検）は，1963年に第1回試験が実施されて以来，社会教育的な役割という発足当初からの目的と日本社会の国際化が進展するに伴い，英語の四技能「読む・聞く・話す・書く」を総合的に測定する全国規模の試験としてその社会的評価はますます高まっております。

　2011年7月，文部科学省が発表した「国際共通語としての英語力向上のための5つの提言と具体的施策」の中では，中学卒業段階での英語力を英検3級程度以上，高校卒業段階で準2級から2級程度以上を目標とすると明言しており，指導する英語教師も準1級程度以上の英語力を要すると謳っております。

　このように英検の資格はいつの時代も日本人の英語力を測るスケールとして活用されており，大学入試や高校入試での優遇や英語科目の単位として認定する学校が年々増えております。

　また，海外においても英検資格が認知され始め，現在，アメリカやオーストラリアなど多くの大学で留学要件として認められております。

　受験者の皆さんは自己の英語能力の評価基準として，また国際化時代を生きる "国際人" たり得る資格として，さらには生涯学習の目標として大いに英検にチャレンジしてください。

試験概要

(1) **実施機関**　試験を実施しているのは，公益財団法人 日本英語検定協会です。ホームページ
http://www.eiken.or.jp/ では，試験に関する情報・優遇校一覧などを公開しています。

(2) **試験日程**　試験は年3回行われます（二次試験は3級以上）。
　第1回検定：一次試験 ― 6月／二次試験 ― 7月
　第2回検定：一次試験 ― 10月／二次試験 ― 11月
　第3回検定：一次試験 ― 1月／二次試験 ― 2月

(3) **受験資格**　特に制限はありません。
　※目や耳・肢体等が不自由な方には特別措置を講じますので，協会までお問合せください。

(4) **申込方法**
　①個人申込
　・英検特約書店（受付期間中に英検のポスターを掲示しています）での申込…書店店頭で検定料を払い込み，「書店払込証書」と「願書」を協会へ郵送する。
　・インターネットでの申込…英検ホームページ（http://www.eiken.or.jp/）から申し込む。
　・携帯電話での申込…携帯版英検ホームページ（http://www.eiken.or.jp/i）から申し込む。
　・コンビニエンスストアでの申込…詳しくは英検のホームページをご覧ください。
　②団体申込　「本会場受験」「準会場受験」「中学・高校特別準会場受験」があります。受験者は各団体の責任者の指示に従ってください。
　☆お問い合わせ先　〒162-8055　東京都新宿区横寺町55
　　　　　公益財団法人 日本英語検定協会　英検サービスセンター　Tel. 03-3266-8311

(5) **一次試験免除について**　1～3級の一次試験に合格し，二次試験を棄権または不合格になった人は出願時に申請をすれば，一次試験を1年間免除され，二次試験から受験することができます。（通常の受験者同様，申込受付期間内に受験手続きをしてください。検定料も同額です）

DAILY **20**日間

英検 **2**級
集中ゼミ

［改訂新版］

一次試験対策

Obunsha

英検合格へ，第1のハードル ── 一次試験

　私たち編集部では「英検2級の合格点は何点ですか」という質問を受けることがあります。公益財団法人 日本英語検定協会はこの合格点 [合格ライン] を「満点の60%前後」としています。これは，一般的に考えると必ずしも高いハードルではありません。

　しかし一方で英検2級の合格率を見てみると，二次試験の合格率が80%前後であるのに対して，一次試験の合格率は30%前後と低い結果になっています。一次試験通過が難しいと感じられる理由は，ここにあると考えられます。

　では，どうすれば一次試験に合格できるのでしょうか。それは，基礎力をきちんとつけるということに尽きます。基礎ができていなければ，応用問題などとうてい解くことはできません。

2段階のプログラムで基礎 ➡ 応用のステップアップを

　本書は前半のTerm 1が基礎編，後半のTerm 2が応用編という構成になっています。中間の「レビューテスト」でTerm 1の内容を確認し，Term 2に進みましょう。そして最終日の「実力完成模擬テスト」で最後の仕上げをしましょう。わからなかった問題を必ず復習し，確実に身につけていくことで，みなさんの英語力は着実に伸びていくはずです。

　終わりに，本書を刊行するにあたって，多大なご尽力をいただきましたロイ英語事務所・茅野夕樹先生，明星大学講師・津村敏雄先生，帯広畜産大学・デイビッド キャンベル先生，幕別町教育委員会 国際交流員・クリントン レイン先生に深く感謝の意を表します。

も く じ

Term 1　基礎編

Term 2 応用編

編集：高杉健太郎　編集協力：(株)オリーブカンパニー，里見力，香川汐子
問題作成協力：(株)ロジック　装丁：林慎一郎(及川真咲デザイン事務所)　本文デザイン：三浦悟(Trap)
録音：有限会社 スタジオ ユニバーサル　本文イラスト：勝部浩明

本書は，英検2級の一次試験に合格するために必要な力を20日間で計画的に養成できるように構成されています。

1 Term 1 （第1日〜第9日）

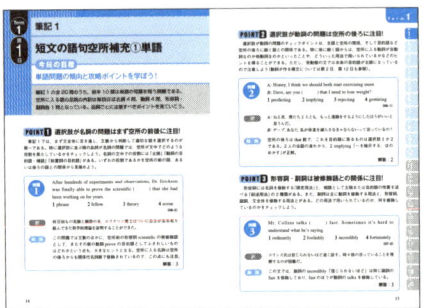

英検2級の問題を解くために必要な知識を，基礎から解説していきます。それを踏まえて実戦形式の練習問題（Practice）を解いて練習をしましょう。

※例題中の（08-2）は，2008年度第2回検定に出題されたことを表します。

2 レビューテスト （第10日）

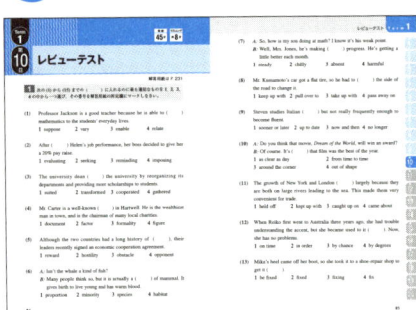

第1日〜第9日で学習した内容を復習するテストです。問題形式は英検2級の一次試験と全く同じですが，問題数は実際より少なくなっています。P. 231に解答用のマークシートがあります。

3 自己診断チャート・問題別アドバイス

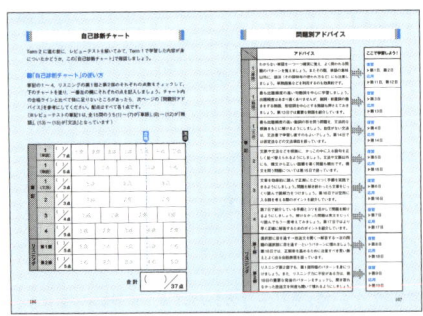

レビューテストの答え合わせが終わったらその結果をこのページに書き込みます。ここでは，問題形式ごとの得点を確認することによって，自分の理解度と弱点を把握することができます。間違えてしまった問題については「問題別アドバイス」を参考にしましょう。

4 Term 2 （第11日〜第19日） ||||||||||||||||||||||||||||||||||||||||

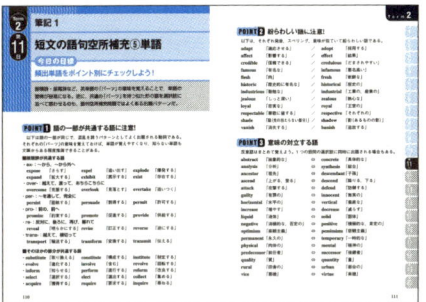

Term 2は，Term 1で養った基礎力をさらに伸ばすための内容になっています。応用力をつけて練習問題（Practice）を解き，実力を確かなものにしましょう。

5 実力完成模擬テスト （第20日） ||||||||||||||||||||||||||||||||||||||||

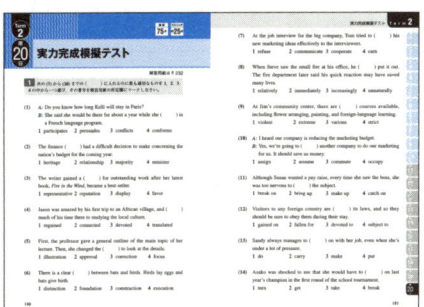

総まとめのテストです。問題形式・問題数とも実際の英検2級の一次試験と全く同じなので，本番と同じ時間制限を設けて解いてみましょう。P. 232に解答用のマークシートがあります。

以上，5つのステップで構成される20日間を通して，あなたの実力は確実に伸びていくはずです。わからないところや間違えてしまった問題があったら，もう一度やってみましょう。そうすれば，英検2級の一次試験に合格できる実力がついていくはずです。

一次試験に合格したら…
P.228〜229に「二次試験・面接の流れ」を収録しています。このページを参考にしてください。

学習スケジュール

　下の表を使って学習スケジュールを立てましょう。「学習予定日」の欄には一次試験実施日までに学習が終えられるように学習予定日を記入しましょう。「学習日」の欄には，実際に学習をした日を記入しましょう。「メモ」の欄は，Practice の結果や，学習して気になった点などをメモするのに使ってください。

Term1 基礎編

	学習予定日	学習日	メ　モ
第1日	／　（　　）	／　（　　）	-------------------------------------
第2日	／　（　　）	／　（　　）	-------------------------------------
第3日	／　（　　）	／　（　　）	-------------------------------------
第4日	／　（　　）	／　（　　）	-------------------------------------
第5日	／　（　　）	／　（　　）	-------------------------------------
第6日	／　（　　）	／　（　　）	-------------------------------------
第7日	／　（　　）	／　（　　）	-------------------------------------
第8日	／　（　　）	／　（　　）	-------------------------------------
第9日	／　（　　）	／　（　　）	-------------------------------------
第10日	／　（　　）	／　（　　）	-------------------------------------

Term2 応用編

	学習予定日	学習日	メ　モ
第11日	／　（　　）	／　（　　）	-------------------------------------

第12日	／ （ ）	／ （ ）	--------------------
第13日	／ （ ）	／ （ ）	--------------------
第14日	／ （ ）	／ （ ）	--------------------
第15日	／ （ ）	／ （ ）	--------------------
第16日	／ （ ）	／ （ ）	--------------------
第17日	／ （ ）	／ （ ）	--------------------
第18日	／ （ ）	／ （ ）	--------------------
第19日	／ （ ）	／ （ ）	--------------------
第20日	／ （ ）	／ （ ）	--------------------

英検2級一次試験実施日　　　／　　　（　）

▶ 以下の本を使って合格をさらに確実なものにしよう！

過去問を解きたい人は…
『英検2級過去6回全問題集』　●定価1,365円
『英検2級過去6回全問題集CD』　●定価1,050円，CD3枚付
『英検2級短期完成3回過去問集』　●定価1,365円，CD2枚付

語彙力をアップさせたい人は…
『英検2級 でる順パス単』　●定価1,365円，無料音声ダウンロード付
『英検文で覚える単熟語2級』　●定価1,365円，CD別売

苦手分野を克服したい人は…
『英検2級語彙・イディオム問題500』　●定価1,260円
『英検2級長文読解問題150』　●定価1,260円
『英検2級リスニング問題120』　●定価1,575円，CD2枚付

試験1週間前に模擬試験を解きたい人は…
『英検2級予想問題ドリル』　●定価1,260円，CD1枚付

本書で学習をする前に，英検2級一次試験（筆記とリスニング）の出題形式と特徴を知っておきましょう。これらを知ることが2級合格への第一歩です。

英検2級について

●2級では，「社会生活に必要な英語を理解し、また使用できること」が求められます。入試優遇、単位認定、センター試験対策、さらに海外留学や社会人の一般的な英語力の条件として幅広く適用されます。

●目安としては「高校卒業程度」で、約5,100語レベルです。

審査基準

読む	社会性のある内容の文章を理解することができる
聞く	社会性のある内容を理解することができる
話す	社会性のある話題についてやりとりすることができる
書く	社会性のある話題について書くことができる

筆記 (75分)

筆記試験は筆記1「短文の語句空所補充」(20問)，筆記2「短文中の語句整序」(5問)，筆記3「長文の語句空所補充」([A]，[B]合わせて8問)，筆記4「長文の内容一致選択」([A],[B],[C]合わせて12問)の4つの問題で構成されています。

筆記1 短文の語句空所補充

英検2級本試験問題より

全20問。1～2文からなる短い文章，もしくはAとBとの1往復の会話の一部が空所になっており，そこに当てはまる単語もしくは複数の語を4つの選択肢から選びます。形式は20問すべて同じですが，問われる内容は3つに分かれており，毎回ほぼ単語10問，熟語7問，文法3問の内訳で構成されています。

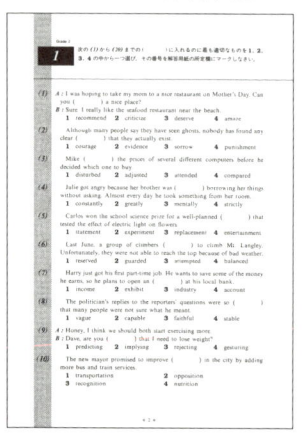

筆記2 短文中の語句整序

全5問。1～2文からなる短い文章，もしくはAとBとの1往復の会話の一部が空所になっており，そこに入るべき語が5つの選択肢に分けられてばらばらになっています（1つの選択肢につき1語とは限りません）。これらを正しい順番に並べ替えて，2番目と4番目にくるものを解答します。正しい文を作る能力が問われる問題です。

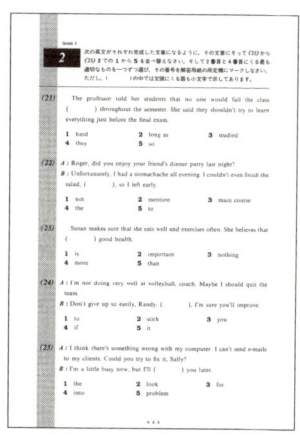

筆記3 長文の語句空所補充

[A]，[B]の2つの長文に，それぞれ4問の空所補充問題があります。選択肢は同じ品詞でそろえられており，文章・文脈を理解できるかが最大のポイントです。

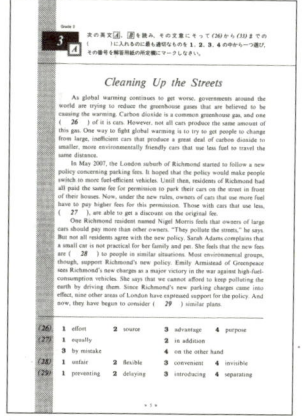

筆記4 長文の内容一致選択

[A]，[B]，[C]の3つの長文に，内容に関する設問がそれぞれ3問，4問，5問出題されます。読解力を問う問題ですが，[A]はEメール，[B]，[C]は科学的，もしくは社会的記事なので，特にそのような内容の文章を語彙も含めてしっかり理解できるかどうかが問われます。

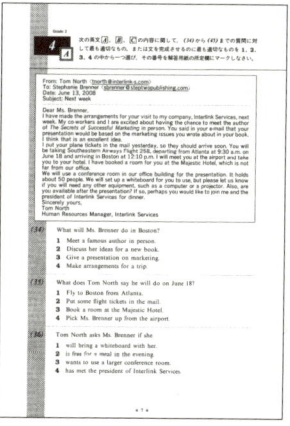

9

リスニング （約25分）

第1部15問，第2部15問の計30問です。どちらもリスニングテスト共通の項目，すなわち英語の発音が聞き取れるか，2級レベルの難易度・速度の放送文を的確に理解できるかが問われています。それぞれの具体的な形式と，特に問われている項目は次の通りです。

リスニング 第1部 会話の内容一致選択

放送文はAとBの2人の会話で，通常2往復（A-B-A-B）です。最後に質問が読まれ，その答えを問題冊子に印刷されている4つの選択肢から選びます。会話と質問は1度しか読まれません。特に，会話表現を理解しているか，会話の流れを把握できるかが問われています。

【放送される英文の例】

★：May I help you, ma'am?

☆：Yes. I have a seat on the flight to Memphis at 4:40 this afternoon, but I'm wondering if I can leave on the 1:40 flight instead.

★：Let me see. There is a seat open on that flight, but you'll have to pay a small extra charge to make that change.

☆：That's all right. I don't mind.

Question：What does the woman want to change?

【問題冊子に印刷された選択肢の例】

1　The method of payment.

2　The flight she will take.

3　Her destination.

4　Her seat on the plane.

リスニング 第2部 文の内容一致選択

放送文は約50～70語程度の英文です。最後に質問が読まれ，その答えを問題冊子に印刷されている4つの選択肢から選ぶ点，そして英文と質問は1度しか読まれない点は第1部と同じです。ある人物の出来事に関する文章，社会的・科学的なトピックに関するものなどが出題されます。それぞれを聞いて話の流れ・内容が理解できるかといった「聴解力」が問われています。

【放送される英文の例】

Alfred Wainwright lived in an area of northwestern England called the Lake District. He loved walking in the hills there, and in the 1950s, he started writing guidebooks about the area. He would write one page of a book every night. Wainwright preferred to hike alone. He rarely even let his wife go with him. Wainwright's books are still bestsellers among tourists who visit the Lake District.

Question: What did Alfred Wainwright like to do?

【問題冊子に印刷された選択肢の例】

1　Buy guidebooks for his wife.
2　Paint pictures of hills.
3　Go walking alone.
4　Talk to tourists.

11

付属CDについて

付属CDの収録箇所は，本文では (・ CD 3~12) のように示してあります。
収録内容とトラック番号は以下のとおりです。
（CD収録時間は約59分です）

トラック番号	収録内容
CD 1	CDの説明
CD 2	第8日 リスニング 第1部　例題
CD 3 ~ 12	第8日 リスニング 第1部　Practice（10問）
CD 13	第9日 リスニング 第2部　例題
CD 14 ~ 23	第9日 リスニング 第2部　Practice（10問）
CD 24 ~ 29	第10日 レビューテスト　リスニング 第1部（5問）
CD 30 ~ 35	第10日 レビューテスト　リスニング 第2部（5問）
CD 36 ~ 45	第18日 リスニング 第1部　Practice（10問）
CD 46 ~ 55	第19日 リスニング 第2部　Practice（10問）
CD 56 ~ 71	第20日 実力完成模擬テスト　リスニング 第1部（15問）
CD 72 ~ 87	第20日 実力完成模擬テスト　リスニング 第2部（15問）

Term

1

基礎編にあたる前半10日間では,
英検2級の一次試験の問題形式を
正確に把握し,基本事項の確認を
することを目標にします。1日ず
つ確実にこなし,第10日の「レ
ビューテスト」で身についている
かどうかを確認しましょう。

筆記 1

短文の語句空所補充①単語

今日の目標

単語問題の傾向と攻略ポイントを学ぼう！

筆記 1 の全 20 問のうち，前半 10 問は単語の知識を問う問題である。空所に入る語の品詞の内訳は毎回ほぼ名詞 4 問，動詞 4 問，形容詞・副詞各 1 問となっている。品詞ごとに注意すべきポイントを見ていこう。

POINT 1 選択肢が名詞の問題はまず空所の前後に注目！

　筆記 1 では，まず文全体に目を通し，文脈から判断して適切な語を選択するのが第一である。特に選択肢に並ぶ語の品詞が名詞の問題では，空所が文中でどのような役割を果たしているかをチェックしよう。名詞の文中での役割には「主語」「動詞の目的語・補語」「前置詞の目的語」がある。いずれの役割であるかを空所の前の語，あるいは後ろの語との関係から見極めよう。

例題 1

After hundreds of experiments and observations, Dr. Erickson was finally able to prove the scientific (　　　) that she had been working on for years.

1 phrase 　　　 **2** fellow 　　　 **3** theory 　　　 **4** scene

(08-2)

訳　何百回もの実験と観察の末，エリクソン博士はついに自分が長年取り組んできた科学的理論を証明することができた。

解説　この問題では文脈のほかに，空所前の形容詞 scientific の被修飾語として，またその前の動詞 prove の目的語としてふさわしいものはどれかという点も，大きなヒントとなる。空所に入る名詞は空所の後ろからも関係代名詞節で修飾されているので，この点にも注目。

解答：**3**

POINT 2 選択肢が動詞の問題は空所の後ろに注目!

選択肢が動詞の問題のチェックポイントは，主語と空所の関係，そして目的語など空所の後ろに続く語との関係である。特に後に続く語からは，空所に入る動詞が自動詞なのか他動詞なのかといったことや，どういった用法で用いられているかなどのヒントを得ることができる。ただし，受動態の文では本来の目的語が主語になっているので注意しよう(動詞が作る構文については第2日，第12日も参照)。

例題 2

A: Honey, I think we should both start exercising more.

B: Dave, are you (　　　) that I need to lose weight?

1 predicting　　**2** implying　　**3** rejecting　　**4** gesturing

(08-1)

訳 *A:* ねえ君，僕たち2人とも，もっと運動をするようにしたほうがいいと思うんだ。

B: デーブ，あなた，私が体重を減らさなきゃならないって言っているの?

解説 空所の後ろは that 節で，これを目的語に取るものは選択肢1か2である。2人の会話の流れから，2 implying「〜を暗示する，ほのめかす」が正解。

解答：2

POINT 3 形容詞・副詞は被修飾語との関係に注目!

形容詞には名詞を修飾する「限定用法」と，補語として主語または目的語の性質を述べる「叙述用法」の2種類がある。また，副詞は主に動詞を修飾する用法と，形容詞，副詞，文全体を修飾する用法とがある。どの用法で用いられているのか，何を修飾しているのかをチェックしよう。

例題 3

Mr. Collins talks (　　　) fast. Sometimes it's hard to understand what he's saying.

1 ordinarily　　**2** foolishly　　**3** incredibly　　**4** fortunately

(07-2)

訳 コリンズ氏は信じられないほど速く話す。時々彼の言っていることを理解するのが困難だ。

解説 この文では，副詞の incredibly「信じられないほど」は同じ副詞の fast を修飾しており，fast のほうが動詞の talks を修飾している。

解答：3

次の **(1)** から **(14)** までの（　　　）に入れるのに最も適切なものを **1, 2, 3, 4** の中から一つ選びなさい。

(1) *A:* Is he a (　　　) of yours?

B: No, he has the same family name, but we're not related.

1 relative　　　**2** staff　　　**3** comrade　　　**4** colleague

(2) You should take good care of the doll because it is (　　　). Even a slight knock could cause it to break into pieces.

1 sensitive　　**2** futile　　**3** subtle　　**4** fragile

(3) In our country highways are built and (　　　) by a public corporation.

1 measured　　**2** maintained　　**3** contained　　**4** recalled

(4) He was (　　　) for his involvement in the bribery case.

1 lost　　　**2** dismissed　　**3** divided　　**4** discerned

(5) Many people in the United States and Japan repeatedly demonstrate for the (　　　) of the death penalty.

1 concentration　**2** abolition　　**3** destruction　　**4** constitution

(6) *A:* I suppose it's too late to make changes.

B: Yes. We already reached a (　　　) after a series of meetings.

1 target　　　**2** purpose　　**3** direction　　**4** conclusion

(7) *A:* Who's the woman sitting next to Stewart?

B: Have you (　　　) that you met her at his birthday party? He introduced her as his sister-in-law.

1 realized　　　**2** recognized　　**3** forgotten　　**4** acknowledged

(1)　*A:* 彼とは親せきなの？
　　　B: いいえ，同姓だけど，関係ないわ。

relative「親せき」が正解。staff「職員」, comrade「仲間」, colleague「同僚」

解答 1

(2)　その人形は壊れやすいので，慎重に取り扱わなければならない。ちょっとたたいただけでも，粉々に壊れてしまうことがある。

「その人形」(the doll) は「ちょっとたたいただけでも，壊れてしまう」のだから fragile「壊れやすい」が正解。sensitive「敏感な」, futile「役に立たない」, subtle「微妙な」, cause *A* to *do*「(結果的に) *A* に～させる」

解答 4

(3)　わが国では，幹線道路は公団によって建設され，そして管理されている。

maintained が正解。maintain は「(従来の状態)を保ち続ける，管理する」という意味。measure「(長さ・大きさ・量など)を測る」, contain「(部分として)含んでいる」, recall「思い出す」

解答 2

(4)　彼は収賄事件への関与で解雇された。

dismissed が正解。dismiss は「(人)を解雇する」という意味。involvement は「かかわり合い」。lose「失う」(< lost), divide「分割する」, discern「見分ける」

解答 2

(5)　アメリカや日本の多くの人々が，死刑廃止を求めて繰り返しデモを行っている。

abolition「廃止」が正解。concentration「集中」, destruction「破壊」(⇔ construction), constitution「憲法」

解答 2

(6)　*A:* 今となっては変更するには手遅れだろうね。
　　　B: ええ，協議を重ねた上で出した結論ですから。

reach a conclusion で「結論に至る」の意味。target「目標」, purpose「目的」, direction「方向」

解答 4

(7)　*A:* スチュワートの隣に座っている女の人は誰？
　　　B: 彼の誕生日パーティーで会ったのを忘れちゃったの？ 彼は義理の妹だって紹介したわよ。

forgotten が正解。forget は「忘れる」という意味。空所に続く that 節の内容を目的語にするのにふさわしい動詞を，文脈も考えて選択する。realize「気付く，悟る」, recognize「それとわかる」, acknowledge「認める」

解答 3

(8) They (　　　) the surface of the moon for the first time in human history.

1 explored　　**2** deplored　　**3** enlisted　　**4** implied

(9) *A:* Was your proposal (　　　) at the class meeting?
B: No, there were only a few votes in favor.

1 conceived　　**2** accessed　　**3** accepted　　**4** gained

(10) *A:* Are there any special requirements for membership?
B: No, all of you are (　　　) for membership.

1 enlightened　**2** eminent　　**3** eligible　　**4** exposed

(11) The number of (　　　) of the accident amounted to two hundred.

1 participants　**2** victims　　**3** applicants　**4** invalids

(12) The (　　　) of the trip was changed in response to the students' demand.

1 disposition　**2** destination　**3** relaxation　**4** operation

(13) Alan (　　　) rents DVDs from a rental store near his apartment. He almost always stops by there on his way home from work and picks up one to spend a relaxing evening at home.

1 frequently　**2** particularly　**3** hardly　　**4** permanently

(14) *A:* Do you have anything to (　　　) yourself?
B: I have a driver's license.

1 recognize　　**2** witness　　**3** examine　　**4** identify

(8)　彼らは人類史上初めて，月面を探査した。

explore the surface of the moon で「月面を探査する」の意味。deplore「嘆き悲しむ」，enlist「入隊させる」，imply「ほのめかす」　**解答 1**

(9)　*A:* 君の提案はクラス会議で通ったの？
　　　B: いいえ，賛成はほんの少数だったの。

accepted が正解。accept は「（招待・提案など）を受諾する」という意味。conceive「想像する」，access「（情報など）にアクセスする」，gain「得る」（= obtain）　**解答 3**

(10)　*A:* 会員になるには何か特別な必要条件がありますか。
　　　B: いいえ，みなさんどなたでも会員になる資格があります。

eligible for membership「入会の資格がある」というフレーズを完成させる。enlightened「啓発された」，eminent「卓越した」，exposed「むき出しになった」

解答 3

(11)　その事故による犠牲者の数は 200 人に上った。

「犠牲者」の意味の victims を選ぶ。amount to は「（総計が）〜に上る」の意味。participant「参加者」，applicant「志願者，応募者」，invalid「病弱な人」　**解答 2**

(12)　学生の要望に応えて，旅行先が変更になった。

「旅行先」の意味の destination を選ぶ。文中の in response to は「〜に応じて」。disposition「性質，配置」，relaxation「くつろぎ」，operation「操作，手術」

解答 2

(13)　アランは彼のアパートの近くのレンタル店で頻繁に DVD を借りる。彼は仕事から帰る途中ほとんどいつもそこに立ち寄り，自宅でのんびりした夜を過ごすための 1 本を選んでいく。

frequently「頻繁に」が正解。particularly「特に」，hardly「ほとんど〜ない」，permanently「永続的に」　**解答 1**

(14)　*A:* 何かあなたの身分を証明するものをお持ちですか。
　　　B: 運転免許証があります。

「（〜の身分）を確認する」という意味の identify を選ぶ。a driver's license は「運転免許証」の意味。recognize「見分けがつく，承認する」，witness「目撃する，〜の証拠となる」，examine「精査する」　**解答 4**

筆記1

短文の語句空所補充②語法

今日の目標
単語の使われ方に目を向けよう！

「単語」「熟語」「文法」の陰に隠れて見落とされがちなポイントが「語法」である。語法とは「それぞれの語の使い方のルール」のこと。筆記1全体を通じて解答のヒントになりうる語法を押さえて，正解率のアップを目指そう。

POINT 1 基本語の意外な使われ方に注意！

ごく基本的なレベルと思われる語でも，最初に覚えるものとは別の，よく使われる意味・用法を持つものがある。また，ほかにも，品詞が異なる場合や，同じスペリングだけれども別の語という場合などもある。問題の選択肢に基本語が並んでいる場合は要注意だ。

例題 1

It took me more time than I had expected to complete the report, so I couldn't (　　　) the deadline.

1 finish　　　　**2** stop　　　　**3** meet　　　　**4** put

訳　そのレポートを終えるのに予想以上の時間がかかったので，締め切りを守れなかった。

解説　ここでの meet は the deadline「締め切り」の要求「を満たす」という意味。meet には，ほかにも「(川・道などが) 〜と交わる」という意味もあり，注意が必要な動詞である。

解答：3

POINT 2 動詞は自動詞か他動詞かに注意！

どの品詞の語でも，その意味 (訳語) とともに語法をチェックすることが必須だが，中でも動詞は特にさまざまな語法を持ち，語法によって意味の変わるものが多く，注意が必要である。問題を解くときに最初に確認すべきなのは，正解になるべき動詞が

自動詞か他動詞かという点だ。自動詞は目的語を取らず主語が何をするのかを表し，他動詞は主語が目的語に対して何をするのかを表す。文型で区別すると，第1・第2文型を取るのが自動詞，第3・第4・第5文型を取るのが他動詞である。自動詞の場合は補語を取っているかどうか，どのような前置詞が続いているのか，他動詞であればどのような目的語を取っているのか（名詞・that 節・不定詞・動名詞など）に注意しよう。

例題 2

David was sick last week, so he wasn't able to (　　　　) in his high school graduation ceremony.

1 represent　　**2** qualify　　**3** participate　　**4** encounter

(06-3)

訳　デービッドは先週体調が悪かったので，高校の卒業式に参加することができなかった。

解説　空所の後ろに in があるので，空所には自動詞が入るとわかる（represent は通常他動詞なので除外できる）。さらに participate「参加する」は in を伴って「〜に参加する」という意味になることを知っていれば，正解にたどりつける。

解答：**3**

POINT **3** 動詞が作る構文に注意!

自動詞・他動詞の区別と文型に加えて，それぞれの動詞が作る構文とその表す意味を覚えておくと，さらに正解率を高めることができる。

例題 3

Even though Nancy is over twenty, she is often (　　　　) for a high school student.

1 taken　　**2** seen　　**3** caught　　**4** thought

訳　ナンシーは20歳を超えているが，よく高校生と間違われる。

解説　問題文は受動態だが，能動態に直すと，〈動詞＋ A for B〉の形であることがわかる。選択肢の中で，この形を取るものは take「A を B と見なす，間違える」である。この文のように，〈動詞＋目的語＋前置詞〜〉の構文およびその受動態，そして第5文型（SVOC）では C（補語）のバリエーションに注目しよう（第4日も参照）。

解答：**1**

次の **(1)** から **(14)** までの（　　　）に入れるのに最も適切なものを **1, 2, 3, 4** の中から一つ選びなさい。

(1)　Foreigners (　　　) for a third of the students in this university.
　　　1 apply　　　**2** account　　　**3** compose　　　**4** enter

(2)　This song (　　　) me of the happy days I spent in the States.
　　　1 remembers　　**2** reminds　　**3** recalls　　**4** memorizes

(3)　There are many record shops in this city. He used to (　　　) a record shop in the downtown area.
　　　1 fit　　　**2** run　　　**3** succeed　　　**4** arrange

(4)　Do what you think best. It doesn't (　　　) whether he agrees or not.
　　　1 matter　　**2** question　　**3** inquire　　**4** bother

(5)　*A:* How was the concert?
　　　B: It was (　　　) better than I had imagined.
　　　1 very　　　**2** more　　　**3** far　　　**4** as

(6)　*A:* Why did you leave that company?
　　　B: That kind of job didn't (　　　) me.
　　　1 adapt　　　**2** work　　　**3** respond　　　**4** suit

(7)　*A:* I'd like to reserve a double room facing south.
　　　B: Very Good, sir. We'll certainly (　　　) you with a bright, airy room.
　　　1 provide　　**2** connect　　**3** fill　　**4** concern

(1) 外国人学生が，この大学では 3 分の 1 を占める。

account for a third of … 「(学生の) 3 分の 1 を占める」と続ける。apply for 「〜に申し込む」(*cf.* apply to 「〜に当てはまる」)，compose 「(物を) 構成する」(*cf. be* composed of 「〜から成り立つ」)，enter 「〜に入る」 　**解答** 2

(2) この歌を聴くと，アメリカで過ごした楽しい日々を思い出す。

remind *A* (人) of *B* で「*A* (人) に *B* のことを思い出させる」の意味になる。そのほかの選択肢の語はこの形を取らない。 　**解答** 2

(3) この街にはたくさんのレコード店がある。彼はダウンタウンの辺りでかつてレコード店を経営していた。

run はここでは「〜を経営する」の意味。fit 「〜にぴったり合う」，succeed 「成功する，〜を継ぐ」，arrange 「〜を整える」 　**解答** 2

(4) 自分の一番よいと思うことをしなさい。彼が賛成するかどうかは問題ではない。

matter は通例 it を主語にして，否定・疑問文で「重大である，問題である」という意味の動詞で用いられる。第 2 文目の It は whether 以下の節を指す。 　**解答** 1

(5) *A:* コンサートはどうだった？
　　B: ぼくが想像していたよりもずっとよかったよ。

比較級の形容詞・副詞を修飾できる副詞は far / still / even / much などに限られる。 　**解答** 3

(6) *A:* なぜあの会社を辞めたの？
　　B: ああいう仕事は，ぼくには合わなかったんだ。

suit は「(人・物) に合う，似合う」の意味。なお，adapt は adapt *A* to [for] *B* で「*A* を *B* に適合 [順応] させる」の意味。 　**解答** 4

(7) *A:* 南向きのダブルルームを 1 部屋予約したいのですが。
　　B: かしこまりました。日当たりと風通しのよい部屋を確かにご用意します。

provide *A* with *B* (= provide *B* for *A*) で 「*A* に *B* を供給する」 の意味。connect *A* with *B* 「*A* を *B* と結ぶ」 　**解答** 1

(8) Human beings (   ) many physical features with monkeys.

    1 discuss   **2** resemble   **3** share   **4** offer

(9) Her father will never (   ) of her marrying such a snobbish man.

    1 admit   **2** allow   **3** approve   **4** forgive

(10) *A:* What type of hotel would you like to stay at when we go to Kyoto?

    B: I'll leave it up (   ) you. Any hotel is all right with me.

    1 to   **2** down   **3** over   **4** along

(11) If this fog doesn't clear, we might (   ) in the mountains.

    1 lose   **2** get lost   **3** have lost   **4** be losing

(12) *A:* We didn't understand each other very well, did we?

    B: No. I hope we can avoid (   ) in the future.

    1 misunderstand   **2** to misunderstand

    3 misunderstanding   **4** misunderstood

(13) *A:* It seems there is no more (   ) for discussion.

    B: It's too bad, but it does seem that way, doesn't it?

    1 vote   **2** work   **3** moment   **4** room

(14) He is forced to depend on government help, because his income is inadequate to (   ) his basic needs.

    1 give   **2** reach   **3** meet   **4** grow

(8)　人間は猿と同じ多くの肉体的特徴を持っている。

share *A* with *B*「*A* を *B* と共有する，分かち合う」が正解。discuss *A* with *B*「*A* について *B* と議論する」　　**解 答** 3

(9)　彼女のお父さんは，彼女がそんな俗物と結婚するのを決して認めないだろう。

approve は of を伴って「～に賛成する，～をよいと認める」という意味。　**解 答** 3

(10)　*A:* 京都に行ったら，どんなホテルに泊まりたい？
　　　B: あなたにお任せするわ。私はどんなホテルでもいいから。

leave *A* up to *B* で「*A* を *B* に任せる」という意味。　　**解 答** 1

(11)　もしこの霧が晴れなければ，私たちは山の中で道に迷うかもしれない。

日本語では能動態のような表現でも，英語では受動態で表現するものがある。「(場所で)迷う」は get [*be*] lost (in ～) と言う。　　**解 答** 2

(12)　*A:* 僕たちはお互いに，あまりよく理解し合っていなかったね。
　　　B: そうね，今後は誤解のないようにしたいものだわ。

avoid は目的語に動名詞を取って「～することを避ける」の意味になる。　**解 答** 3

(13)　*A:* もう話し合う余地はなさそうね。
　　　B: 残念だけど，そのようだね。

room は for [to *do*] を伴って「～の[～する]余地」という意味を表す。　**解 答** 4

(14)　彼の収入は基本的生活要求を満たすのに不十分なので，政府の援助に頼らざるをえない。

meet には「(必要・義務・要求など)に応じる，～を満たす」という意味がある。
　　解 答 3

筆記 1

短文の語句空所補充③熟語

今日の目標

熟語問題のパターンと注意点を知ろう！

筆記 1 の全 20 問のうち，(11) 〜 (17) の 7 問は熟語の知識を問う問題である。熟語とは複数の単語の組み合わせで，慣用的な意味を表すものだが，個々の単語からはその意味を推測するのが難しいものが多い。ここでは，出題されることが多い熟語のパターンを見ていこう。

POINT **1** 句動詞は副詞や前置詞のイメージを覚えよう！

「句動詞」とは〈動詞＋副詞〉または〈動詞（＋副詞）＋前置詞〉によって構成され，全体で 1 つの動詞のように機能するものを指す。使われている動詞の基本的な訳語からは意味が推測しにくいものが多いが，「動詞の基本的イメージ＋副詞・前置詞のイメージ」の組み合わせでとらえることで，理解が容易になる。

以下のものは句動詞でよく使用される副詞・前置詞のイメージである。
about / around「あちこちに，辺りに」，**across**「〜を横切って」，**over**「一面に，越えて，渡して」，**through**「〜を通り抜けて」，**away**「離れて」，**back**「後ろ，後ろへ［から］の動き」，**behind**「後ろに」，**by**「〜に近接して」，**down**「下へ［に］」，**up**「上へ［に］」，**in**「〜の中に［で］」，**out**「〜の外に［で］」，**off**「〜から離れて」，**on**「〜に接触して」

例題 1

When Mr. Brown left the company, Mr. Harrison (　　　) over as president.

1 took　　　　**2** kept　　　　**3** went　　　　**4** put

(06-3)

訳　ブラウン氏が会社を去った時，ハリソン氏が社長職を引き継いだ。

解説　〈take「取る」＋ over「渡して」〉の組み合わせが転じて，「引き継ぐ」という意味になる。

解答：**1**

POINT 2 副詞の働きをする熟語

文頭・文末で使用されることが多い。句動詞に続いて出題頻度が高い。

例題 2

(　　　　), I failed to visit the Taj Mahal when I was in India. Now I may never get the chance to go there again.

1 To my regret　　　　**2** By no means

3 In the distance　　　　**4** At the moment

(08-1)

訳

残念なことに，インドにいる時にタージ・マハール廟に行きそびれてしまった。そこに行く機会はもう二度とないかもしれない。

解 説

to *one's* regret「残念なことに」，by no means「決して〜ない」，in the distance「遠方に」，at the moment「現在のところ，当面」

解答：1

POINT 3 前置詞の働きをする熟語

2語以上の組み合わせで1つの前置詞のような働きをするものがある。出題頻度はそれほど高くはないが覚えておきたい。

例題 3

In (　　　　) of the beautiful sunny weather, John and I stayed in the house all day reading books.

1 danger　　　　**2** place　　　　**3** front　　　　**4** spite

(08-2)

訳

素晴らしい晴天だったにもかかわらず，ジョンと私は一日中家にいて本を読んでいた。

解 説

in spite of「〜にもかかわらず」が正解。in danger of「〜の危険に直面して」，in front of「〜の前に」，in place of「〜の代わりに」

解答：4

このほかにも，⟨*be* (get)＋形容詞＋前置詞⟩という形の熟語も，頻度はそれほど高くはないが出題されることがある（第13日も参照）。

Practice

次の (1) から (14) までの(　　　)に入れるのに最も適切なものを 1, 2, 3, 4 の中から一つ選びなさい。

(1)   *A:* It's an ideal day for a picnic today, isn't it?

     B: Our trip is really (　　) with good weather.

     1 compared   **2** connected   **3** related   **4** favored

(2)   *A:* This is a good opportunity to introduce you to him.

     B: He seems busy. You can do it (　　) other time.

     1 the   **2** one   **3** some   **4** much

(3)   He carried (　　) all his promises, so everyone respected him.

     1 out   **2** away   **3** off   **4** on

(4)   We're conducting a poll to find out how many people are in (　　) of nuclear power.

     1 spite   **2** case   **3** accord   **4** favor

(5)   *A:* Joe's two boys are so smart!

     B: You mean they don't really take (　　) their father?

     1 in   **2** after   **3** over   **4** away

(6)   *A:* You turned (　　) his offer, didn't you?

     B: Yes, I flatly refused.

     1 down   **2** over   **3** off   **4** out

(7)   Yesterday, while reading a weekly magazine, I came (　　) an interesting article on Japanese politics.

     1 along   **2** across   **3** over   **4** with

Answers

(1) *A:* 今日は絶好の行楽日和ですね。
　　 B: 私たちの旅行は，天候には本当に恵まれています。

is really favored with「〜に本当に恵まれている」というフレーズになる。compare *A* with *B*「*A* を *B* と比較する」, *be* connected with「〜と関連がある」　**解答 4**

(2) *A:* いい機会だから，君を彼に紹介しよう。
　　 B: 彼は忙しそう。次の機会でいいわ。

some other time で「いつか別のとき」の意味になる。　**解答 3**

(3) 彼は約束をすべて実行したので，だれもが彼を尊敬した。

carry out all his promises で「彼の約束すべてを実行する」の意味。carry away「〜を持ち去る」, carry off「〜を奪い去る」, carry on「(〜を) 続ける」　**解答 1**

(4) 私たちはどのくらいの人々が原子力発電に賛成しているかを調べるために，世論調査を実施している。

in favor of は「〜に賛成の [で]，〜に味方して」の意味。in spite of「〜にもかかわらず」, in case of「〜の場合は」　**解答 4**

(5) *A:* ジョーの 2 人の息子はとても利口だよ。
　　 B: 2 人とも父親にはあまり似ていないということ？

take after で「(両親・血縁関係のある人) に似ている」(= resemble) の意味。take in「(人) を泊める」, take over「(事業など) を引き継ぐ」, take away「〜を持ち去る」　**解答 2**

(6) *A:* あなたは彼の申し出を断ったのね。
　　 B: うん，きっぱり断ったよ。

turn down で「〜を拒絶する，断る」(= refuse) の意味。turn over「〜を裏返す」, turn off「(ラジオ・電灯など) を消す，(ガス・水) を止める」, turn out「結局〜であることがわかる，(火・電灯など) を消す」　**解答 1**

(7) 昨日，週刊誌を読んでいると，日本の政治に関する興味深い記事がふと目に入った。

come across an interesting article で「(偶然に) 興味深い記事を見つける [に出会う]」というフレーズ。　**解答 2**

(8) John was trying to save money, so he decided to cut (　　) his smoking to five cigarettes a day.

    1 down   **2** up   **3** out   **4** in

(9) Japan is almost certain to (　　) in to EU commission demands for more cuts in its vehicle exports.

    1 hand   **2** give   **3** allow   **4** fail

(10) *A:* Why did you decide to apply to our company?

    B: Because of its future possibilities (　　) all.

    1 in   **2** above   **3** without   **4** below

(11) Mr. Smith is in (　　) of the arrangements for the party to be held next month.

    1 charge   **2** care   **3** honor   **4** terms

(12) *A:* Hello. May I speak to Mr. Simpson? This is Mike.

    B: Hold (　　), please. I'll go and see if he is still in the office.

    1 up   **2** on   **3** off   **4** over

(13) *A:* Why is your mother in the hospital?

    B: She came (　　) with pneumonia.

    1 across   **2** in   **3** through   **4** down

(14) I'm not opposed to what you're saying. On the (　　), I completely agree with you.

    1 others   **2** contrary   **3** position   **4** sense

(8) ジョンはお金を貯めようとして，タバコを 1 日 5 本までに減らすことを決心した。

cut down で「(出費・酒など) を減らす，少なくする」の意味。cut in「話に割り込む」

解答 1

(9) 日本は，車の輸出をさらに減らすようにという EU 調査委員会の要求にほぼ間違いなく折れるだろう。

give in (to) で「(〜に) 降参する，屈服する」の意味。hand [give] in「〜を提出する，手渡す」

解答 2

(10) *A:* わが社をなぜ志望することにしたのですか。
B: 何と言っても将来性です。

above all で「とりわけ，何よりもまず」の意味。*A* のせりふ中にある apply to は「〜に志願する」の意味。

解答 2

(11) スミスさんは来月開催されるパーティーの準備を担当している。

in charge of (the arrangements) で「(準備) を担当して，世話して」の意味。in care of「(手紙の宛名で) 〜気付で」，in honor of「〜に敬意を表して」，in terms of「〜の観点から」

解答 1

(12) *A:* もしもし，シンプソンさんをお願いできますか。こちらマイクです。
B: そのままお待ちください。彼がまだ事務所にいるか見て来ましょう。

hold on は「(しばしば命令文で) 電話を切らないでおく」の意味 (⇔ hang up「電話を切る」)。

解答 2

(13) *A:* あなたのお母さんはどうして入院しているの？
B: 肺炎にかかったんだ。

come down with で「(病気など) にかかる」の意味。come across with「(要求に応えて) 〜を与える」，come in with「(仲間など) に加わる」

解答 4

(14) 私は君が言っていることに反対していない。それどころか，君に全く賛成である。

on the contrary は「(前に述べられたことを否定して) それどころか，まるで逆で」の意味。

解答 2

31

筆記 1

短文の語句空所補充④文法

今日の目標
動詞関連の文法問題をチェックしよう！

筆記 1 の (18) 〜 (20) の 3 問は通常文法問題である。ここでは特に出題頻度の高い，動詞の形に関連する文法項目を取り上げる。なお，文法は筆記 1 のみならず，ほかの筆記を解答する際にも重要な土台となる項目なのでしっかり学習しよう。

POINT 1　SVOC の C（補語）になる語の種類に注目！

第 5 文型の補語 (C) には名詞（句）・形容詞（句）のほか，不定詞・現在分詞・過去分詞などが入る。また，使役動詞(let, make, have など)，知覚動詞(see, hear, feel など)，help は C に動詞の原形を取ることがある。

例題 1

With just an hour left, everyone worked hard to get the work (　　　) before the deadline.

1 do　　　　　**2** done　　　　　**3** doing　　　　　**4** to do

訳　ちょうど 1 時間しか残っていなかったので，誰もが仕事を締め切り時間までにやってしまおうと一生懸命働いた。

解説　*get OC* の形では，*C* には to *do*「*O* に〜させる，してもらう」，*doing*「*O* を〜している状態にする」，*done*「*O*（物事）を〜される，してもらう」のいずれかが入る可能性があるが，ここでは *O* (the work) との意味の兼ね合いを考え，選択肢 **2** done を選ぶ。

解答：2

POINT 2　完了形の用法に注目！

現在完了は現在における，そして過去完了は過去の，未来完了は未来のある時点における継続・経験・完了を表す。完了進行形は特にその時点まで動詞の動作がずっと継続していたことを強調する。また，過去形の助動詞と完了形を組み合わせることで

過去を表したり，不定詞・動名詞・現在分詞で完了形を使用して述語動詞よりも過去であることを表す用法もある。

例題2

By the time John reached the top of the mountain, he was exhausted. He (　　) for nearly seven hours.

1 will be climbing　　2 will have climbed

3 has climbed　　4 had been climbing

(06-3)

訳 ジョンが山頂に到着した時には，彼は疲れ果てていた。彼は7時間近くも登り続けていたのだ。

解説 過去形で表される reached the top の時点までジョンは山に登り続けていたので，空所に入るのは had been climbing となる。

解答：4

POINT 3 分詞構文を押さえておこう!

時・理由・付帯状況などを表す，分詞が導く句を，分詞構文と呼ぶ。文頭もしくは文末に置かれるが，理由を表す分詞構文は通常文頭に置かれる。

例題3

While Tim was swimming in his race, his mother got very excited. She stood by the side of the pool (　　) loudly.

1 cheer　　2 cheering　　3 cheers　　4 have cheered

(07-2)

訳 ティムがレースで泳いでいる間，彼の母親はとても興奮していた。彼女は大声で応援しながら，プールサイドに立っていた。

解説 第1文を got excited と過去形で述べている。それを踏まえれば，空所の cheer「声援を送る」も過去形を取るはず。ここでは代わりに -ing 形を使って「声援を送りながら～した」と分詞構文を選ぶ。

解答：2

Practice

次の **(1)** から **(14)** までの（　　）に入れるのに最も適切なものを **1, 2, 3, 4** の中から一つ選びなさい。

(1) (　　) the entrance examination last year, he decided to sit for it again this year.

　　 1 Failing　　　　 **2** Had failed　　 **3** Having failed　 **4** Being failed

(2) They will start work when the report (　　) by the committee.

　　 1 will have prepared　　　　　 **2** has been prepared

　　 3 will be preparing　　　　　　 **4** has had prepared

(3) It is not easy to make oneself (　　) in a foreign language.

　　 1 to understand　 **2** understood　　 **3** understanding　 **4** understand

(4) (　　) in the fog, we were compelled to spend two hours in the forest.

　　 1 Lost　　　　　 **2** Had lost　　　 **3** Been lost　　　 **4** Losing

(5) *A:* I should (　　) to what you said.

　　 B: It's too late for regrets now.

　　 1 be listening　 **2** listen　　　 **3** have listening　 **4** have listened

(6) It took me more time than I (　　) to make a clean copy of my thesis.

　　 1 was expected　　　　　　 **2** been expecting

　　 3 had expected　　　　　　 **4** have been expecting

(7) *A:* Have you seen Jennifer around?

　　 B: Have you checked the library? I saw her (　　) there a few minutes ago.

　　 1 studied　　　 **2** to study　　 **3** studying　　　 **4** having studied

(1) 彼は昨年入学試験に失敗したが，今年も再び受けることにした。

主文の述語動詞が表す時間よりも，分詞構文の部分の時間が前であることを明確にしたい場合は，完了形分詞構文〈Having＋過去分詞〉の形で表す。　　**解答 3**

(2) 委員会によって報告書が作成されれば，彼らは仕事を開始するでしょう。

未来の一定時における完了は本来〈will have＋過去分詞〉の未来完了形で表すところだが，ここでは when の作る副詞節の中なので，will を使わない。なお，ここでは受動態にして〈has been＋過去分詞〉の形になる。　　**解答 2**

(3) 外国語で自分の言うことを理解してもらうのは，たやすいことではない。

「make *oneself* understood in＋(言語)」は「(～語)で理解してもらう」の意味。〈make＋O＋C〉で O が C に対して受動的な立場(～される立場)である場合，C には過去分詞が入る。　　**解答 2**

(4) 霧の中で道に迷って，私たちは森の中で2時間過ごす羽目になった。

be lost「道に迷う」の分詞構文を作ると Being lost ～となるところだが，Being はふつう省略される。　　**解答 1**

(5) *A:* 君の言うことを聞いておけばよかったよ。
　　　B: 今さら後悔しても遅いわよ。

〈should have＋過去分詞〉は「～すべきであった(のにしなかった)」と過去の事実に対する遺憾の気持ちを表す。　　**解答 4**

(6) 論文を清書するのに思ったよりも時間が掛かった。

「思ったよりも～(だった)」は〈比較級＋than *one* (had) expected〉の形。　　**解答 3**

(7) *A:* この辺りでジェニファーを見かけなかった？
　　　B: 図書館は確かめた？ ついさっきそこで勉強をしているのを見たよ。

〈知覚動詞 see＋O＋-ing〉「O が～しているところを見る」の過去形。　　**解答 3**

(8) By the end of this month, Mr. Saito (   ) for the company for 20 years.

    1 was working   **2** has been worked

    3 will have been working   **4** should be working

(9) *A:* I'm surprised a music lover like you has never enjoyed live music.

    B: My father was such a strict person that he would never let me (   ) out in the evening.

    1 go   **2** to go   **3** going   **4** gone

(10) He knew the place well, because he (   ) there several times.

    1 has been   **2** had been

    3 was going   **4** could have been

(11) John was playing a video game when his mother came into his room (   ) a cup of tea on a tray.

    1 to carry   **2** carrying   **3** carried   **4** having carried

(12) I heard my name (   ) from behind me. I turned to see a short, thin woman extending her hand, saying she was from the head office.

    1 call   **2** calling   **3** being called   **4** having called

(13) He (   ) for the train for an hour when it came.

    1 has waited   **2** would be waited

    3 had been waited   **4** had been waiting

(14) I received a telegram (   ) that he had succeeded in reaching the top of the mountain.

    1 to say   **2** saying   **3** said   **4** say

(8)　今月末で斉藤さんは，その会社で 20 年間働き続けたことになる。

未来の一定時（ここでは「今月末」）までの動作の継続は，未来完了進行形 will have been *doing* で表す。　　　　　　　　　　　　　　　　　　解答 **3**

(9)　*A:* 君のように音楽が大好きな人が，ライブ演奏を楽しんだことがないとは，驚きだね。

　　　B: 父はとても厳しい人で，夜は外出させてくれなかったんです。

let は使役動詞で，〈let＋*O*＋*do*〉の形で「*O* に（やりたがっていること）をさせてやる」という意味になる。　　　　　　　　　　　　　　　　　　解答 **1**

(10)　彼はその場所をよく知っていた。なぜなら彼はそこに何回か行ったことがあったからである。

過去の一定時までにおける経験は，〈had＋過去分詞〉の過去完了形で表す。

　　　　　　　　　　　　　　　　　　　　　　　　　　　　　　　　　解答 **2**

(11)　母親がお盆に 1 杯の紅茶を運んで部屋に入って来た時，ジョンはテレビゲームをやっていた。

付帯状況「〜しながら」を表す分詞構文。　　　　　　　　　　　　　　解答 **2**

(12)　背後から自分の名前を呼ぶ声が聞こえた。振り返ると，背が低くやせた女性が手を差し伸べ，本社から来た者だと言った。

hear *O doing*「*O* が〜しているのを聞く」という知覚動詞の用法。目的語 my name と call の関係は「名前が呼ばれている」という受動の進行だと考え，being called を選択する。　　　　　　　　　　　　　　　　　　　　　　　　解答 **3**

(13)　電車が来た時には，彼は 1 時間も待っていた。

「（〜の時は）ずっと…していた」の意味の過去の一定時までにおける動作の継続は，過去完了進行形〈had been＋現在分詞〉で表す。　　　　　　　　　　解答 **4**

(14)　私は彼が山頂への到達に成功したという電報をもらった。

「…という内容の電報」は a telegram saying that … と表現する。　　　解答 **2**

筆記2

短文中の語句整序①

文脈を把握し，文の構造を考えよう！

筆記２の各設問には５つの選択肢が与えられており，それらを並べ替えて文法的に正確で意味の通る英文を完成させる問題である。まず文脈から空所の意味を推測し，次に文の構造を考えて正しく並べ替えよう。解答は５つの選択肢から，２番目と４番目の番号を答える形式である。

POINT 1 文脈から空所部分の意味を推測しよう！

　問題文は単一の文であることはほとんどなく，複数の文から構成されている。これは文脈を把握する能力を測るのが筆記２の目的の一つだからである。従って，文脈から空所部分がおおよそどのような意味になるか，見当をつけることが大切になる。

例題 1

A: Roger, did you enjoy your friend's dinner party last night?

B: Unfortunately, I had a stomachache all evening. I couldn't even finish the salad, (　　　　), so I left early.

1 not　**2** mention　**3** main course　**4** the　**5** to

(08-1)

訳

A: ロジャー，昨夜の友達の夕食パーティーは楽しかった？

B: 残念ながら夕べはずっと胃が痛かったんだ。メイン料理は言うまでもなく，サラダでさえ食べきれなかったから，早めに出てきたんだ。

解説

「サラダでさえ食べきれず，早めに出た」という文脈と，選択肢中のmain course から，空所部が，「メイン料理はもちろんのこと（食べられなかった）」といった意味ではないかと推測する。not to mention …「～は言うまでもなく」は覚えておきたい。

▶**正しい語順**　<u>not</u> <u>to</u> <u>mention</u> <u>the</u> <u>main course</u>　　　**解答：5-4**
　　　　　　　　1　5　2　4　3

POINT 2 節の主語と動詞の組み合わせを特定しよう!

　文脈から空所部分の意味を推測したら，次は文の構造，すなわち節がいくつあり，それぞれの主語と動詞がどれになるかを考えよう。主語の候補(名詞)が複数ある場合，また，動詞が複数ある場合に，主語と動詞を正しく組み合わせられるようにしたい。

例題2

A: I'm driving to Jason's house this evening. Do you think I can park in front of his house?

B: I don't know, Brian. I (　　　) first to check if it's all right.

1 that　**2** him　**3** call　**4** suggest　**5** you

(06-3)

訳

A: 今晩ジェーソンの家に車で行くんだ。彼の家の前に停められるかな?

B: わからないわ，ブライアン。まず彼に電話して大丈夫かどうか確かめてみたら?

解説

主語の候補が空所前の I と選択肢の you，動詞が call と suggest と2つずつある。suggest that *S do*「*S* に〜してはどうかと提案する」。

▶正しい語順　<u>suggest</u> <u>that</u> <u>you</u> <u>call</u> <u>him</u>　　　解答：1-3
　　　　　　　　　4　　1　　5　　3　　2

POINT 3 複数の動詞の活用形をうまく並べよう!

　1つの節にもかかわらず，複数の動詞の活用形が選択肢に並ぶ場合がある。

例題3

The police are trying to find the man who robbed Central Bank this morning. (　　　) bank in a blue car. The police hope that anyone with information will contact them.

1 seen　**2** from　**3** he was last　**4** driving away　**5** the

(07-3)

訳

警察はセントラル銀行を今朝襲撃した男を探し出そうとしている。彼が最後に目撃されたのは，青い車を運転して銀行を去る時である。警察は情報を持っている人の連絡を望んでいる。

解説

選択肢3の was と組み合わせる語を seen にするか driving away にするかがこの問題を解くときの鍵となる。文脈をヒントに知覚動詞(see *O doing*) の受動態の構文だと判断する。

▶正しい語順　<u>He was last</u> <u>seen</u> <u>driving away</u> <u>from</u> <u>the</u>　解答：1-2
　　　　　　　　　3　　　　1　　　4　　　2　5

次の英文がそれぞれ完成した文章になるように，その文意にそって **(1)** から **(6)** までの **1** から **5** を並べ替えなさい。そして **2** 番目と **4** 番目にくる最も適切なものを一つずつ選び，その番号を解答用紙の所定欄にマークしなさい。

(1)　There were several public baths in my town, (　　　). Once in a while I go to one of them to relax in a large bath.

　　1 hot spring water　　**2** many　　　　　　**3** of

　　4 use　　　　　　　　**5** which

(2)　*A:* Honey, I'm going to the supermarket. Do you want me to pick up anything there?

　　B: Let me see. I think there are (　　　) Spanish omelets, so will you just buy some milk?

　　1 eggs　　　　　　　**2** enough　　　　　**3** make

　　4 left　　　　　　　　**5** to

(3)　There were many bigger, more powerful players than Tom at the draft but the coach (　　　) the team. After the season began, Tom's skills contributed to the team's winnings a lot.

　　1 be　　　　　　　　**2** he　　　　　　　**3** insisted

　　4 on　　　　　　　　**5** that

(1) 私の町には公衆浴場がいくつかあり，その多くが温泉のお湯を使っている。私は時々そのうちの一つに，広い風呂でのんびりするために行く。

関係代名詞節の主語になる many of which がポイント。many のほか，most, all, some, both を関係代名詞と組み合わせて〈数量を表す表現＋ of which または of whom〉で「そのうちの～」という意味を表す。

▶正しい語順：<u>many</u> <u>of</u> <u>which</u> <u>use</u> <u>hot spring water</u>　　　　（解答）**3-4**
　　　　　　　　 2 　 3 　 5 　 4 　　　 1

(2) *A:* ねえ君，スーパーマーケットに行くところなんだけど，何か買ってきてほしいものはある？
　　　 B: そうねえ，スパニッシュ・オムレツを作るのに十分な数の卵は残ってると思うから，ミルクだけ買ってきてもらえる？

there are (is) … left「～が残っている」と〈enough ＋ 名詞 ＋ to *do*〉「～するのに十分な（数・量の）～」の組み合わせ。

▶正しい語順：<u>enough</u> <u>eggs</u> <u>left</u> <u>to</u> <u>make</u>　　　　（解答）**1-5**
　　　　　　　　 2 　 1 　 4 　 5 　 3

(3) ドラフトではトムよりも大きく，力の強いプレーヤーはたくさんいたのだが，監督は彼をチームに入れることを強く要求した。シーズンが始まってからは，トムの技術がチームの勝利に大いに貢献した。

〈insist ＋ that 節〉「～するよう強く要求する」。that 節の動詞は原形になるので he (should) *be* となる。また，「チームに所属する」は *be* on [in] the team となる。

▶正しい語順：<u>insisted</u> <u>that</u> <u>he</u> <u>be</u> <u>on</u>　　　　（解答）**5-1**
　　　　　　　　 3 　　 5 　 2 　 1 　 4

(4)   *A:* I've never eaten sashimi. I don't really like the idea of eating raw fish.

       B: Why (   )? It'll be something to remember of this trip to Japan even if you don't like it.

      1 don't   **2** it a   **3** give

      4 try   **5** you

(5)   The blue whale is (   ), even bigger than the dinosaurs. It can weigh up to 200 tons.

      1 animal   **2** has   **3** the largest

      4 ever lived   **5** that

(6)   Tobacco is (   ), chewed, or sniffed for a variety of effects. It is considered addictive because it contains nicotine.

      1 plant   **2** a   **3** leaves that

      4 with   **5** are smoked

(4)
> **A:** 刺身を食べたことは一度もないんだ。生の魚を食べるっていう考えがどうにも好きになれなくって。
>
> **B:** 試しに食べてみたらどう？ それが気に入らなくたって，この日本の旅の思い出になるわよ。

give … a try「試しに〜をやってみる」という熟語で，try を名詞として使っている。この知識がなければ give と try のどちらをこの文の動詞にするか迷うところだ。選択肢 **2** の中にある a が，選択肢の中に名詞があることを示唆している。

▶**正しい語順：**<u>don't you give it a try</u>　　　　**解 答 5-2**
　　　　　　　　　1　　5　　3　　2　4

(5)
> シロナガスクジラはこれまでに生存した最大の動物であり，恐竜よりも大きい。シロナガスクジラは体重が 200 トンに達することもある。

空所の前後の部分や選択肢 **3** の the largest などをヒントにして，最上級の文を組み立てる。関係代名詞 that を使って that has ever lived「これまでに生存した」とするのがポイント。

▶**正しい語順：**<u>the largest animal that has ever lived</u>　　**解 答 1-2**
　　　　　　　　　3　　　　1　　5　　2　　4

(6)
> タバコは，さまざまな効果を求めて吸ったり，かんだり，かいだりされる葉を持つ植物のことである。それはニコチンを含んでいるので中毒性があると考えられている。

空所の後ろに過去分詞が chewed, or sniffed と 2 つ並んでいるので，直前には are smoked が来ることが予想できる。are の前には関係代名詞 that が必要となる。

▶**正しい語順：**<u>a plant with leaves that are smoked</u>　　**解 答 1-3**
　　　　　　　　　2　1　　4　　3　　　5

筆記3

長文の語句空所補充①

今日の目標

時間内に問題を解く手順と注意点をチェックしよう！

筆記3ではそれぞれ250〜300語程度の長文[A][B]に対して，それぞれ4問の空所補充の設問が与えられる。文章が長いため時間配分が大切。筆記試験全体の問題量を考えると1つの長文につき10分以内で解答したい。まずは限られた時間内で長文の概要を把握し，正解のヒントとなる部分を見つけ出すポイントをチェックしよう。

POINT 1 概要を素早く把握し，空所周辺と選択肢に目を通そう！

長文の最初から最後まで，一語一句丁寧に意味を取っていこうとすると，時間が余分にかかってしまい，時間切れになって問題をすべて解答することができなくなってしまうこともままある。まずはタイトルや書き出しの文，各段落のトピックセンテンス（通常は段落の最初の文。その段落の主な論点を表すことが多い）に着目して，全体の要旨を素早く押さえよう。

次に，空所に入れる語の選択だが，空所の前後にそのヒントがあることが多い。選択肢と同時に空所の周辺に目を通して，可能性を絞り込もう（より具体的な着目ポイントは第16日の解説を参照）。

POINT 2 順接，逆接，譲歩などの論理展開を読み取ろう！

therefore「それゆえに」，however「しかしながら」のような副詞，but「しかし」，even if「たとえ〜でも」のような接続詞は，文章の論理展開を読み取る上で重要な語句だ。また，こうした語句を直接問う問題も頻出である。こうした語句に着目し，文章全体の大意や，空所前後の文脈を把握するのに利用しよう。またこうした論理展開を表す語句の知識も増やしておこう。

例題

New Diet Aid: Fat Substitutes

Americans have become increasingly worried about the amount of fat they consume. They know that research has linked high-fat diets to increased risks of cancer and heart disease. But (**1**) this knowledge, Americans are having a hard time changing their eating habits.

A number of nutrition experts reasoned that if Americans can't stop eating high-fat foods, the only (**2**) is to find a way to cut the fat content of these foods. After years of research, several new fat substitutes have become available. They are made from ingredients such as sugar, oats, and the outer skins of peas and beans.

(1) **1** through   **2** besides   **3** despite   **4** without

(2) **1** solution   **2** source   **3** purpose   **4** danger

訳

新たなダイエット食品：脂肪の代用品

アメリカ人は，消費する脂肪量をますます心配するようになっている。彼らは高脂肪の食事が，がんや心臓病の危険性を高める，という研究結果を知っている。しかし知ってはいても，アメリカ人はその食習慣を変えることに苦労している。

多くの栄養学の専門家は，アメリカ人が高脂肪の食事を取ることをやめられないなら，唯一の解決策はこれらの食物に含まれる脂肪分を減らす方法を見つけることだと考えた。何年にもわたる研究の末，新たな脂肪の代用品がいくつか入手できるようになった。それらは砂糖，カラス麦，豆類の外皮といった材料から作られる。

解説

まずタイトルを見て内容の見当を付けてから，POINT 1 で示したように素早く論旨の展開を追おう。その後，空所の前後はしっかりと読む。(1) は，空所を含む文が逆接の But で始まる論理展開である点，this knowledge が直前の文の内容を受けている点を考えると，despite を選んで「この知識にもかかわらず」とすればよいとわかる。(2) は to find a way to cut ...「〜を減らす方法を見つけること」が「唯一の何か」を考えれば，正解は **1** の solution「解決策」となる。

解答：(1) 3　(2) 1

次の英文 [A], [B], [C] を読み，その文意にそって **(1)** から **(12)** までの（　　）に入れるのに最も適切なものを **1, 2, 3, 4** の中から一つ選びなさい。

[A]   Rainbows

Rainbows are most commonly seen when the sun's rays strike raindrops falling from distant rain clouds. Generally, this is only in the early morning or late afternoon. When the sun is too far above the (　**1**　), no rainbow can be seen. When the sun is lower in the sky, however, part of the arc becomes (　**2**　). In fact, if the sun is low enough and the observer is located in a place that is high enough, such as on a mountain or in an airplane, the observer may see a circular rainbow.

The most brilliant and most commonly seen rainbow is called the primary rainbow. The arcs of color in a rainbow are (　**3**　) by the reflection, or bending, and internal reflection of light rays that enter the raindrops. A ray of white sunlight is actually (　**4**　) of all the colors of the spectrum. Inside a raindrop the ray of white light is separated into the colors that make it up and reflected back toward the observer. In the primary rainbow the colors are, from inside to outside, violet, indigo, blue, green, yellow, orange, and red. The red band makes an angle of about 42 degrees with the sun's rays, and the other colored bands make successively smaller angles.

(1)	**1** sky	**2** raindrops	**3** horizon	**4** space
(2)	**1** visible	**2** tolerable	**3** audible	**4** edible
(3)	**1** hurt	**2** failed	**3** caused	**4** shot
(4)	**1** compared	**2** composed	**3** considered	**4** collected

第1日
第2日
第3日
第4日
第5日
第6日
第7日
第8日
第9日
第10日
第11日
第12日
第13日
第14日
第15日
第16日
第17日
第18日
第19日
第20日

虹

　虹は，太陽光線が遠くの雨雲から落ちている雨滴に当たるときに最もよく見られる。一般的に，この現象はもっぱら早朝や午後の遅い時刻に起こる。太陽が地平線のはるか上方にあるときは，虹は見えない。しかし，太陽が空の低いところにあるときには，弧の一部が見える。実際，もし太陽が十分低い位置にあり，観察者が山の上や飛行機内などの十分高い位置にいれば，環状の虹が見えるかもしれない。

　最も明るく，最も普通に観察される虹は，プライマリーレインボーと呼ばれる。虹における色の弧は，反射もしくは屈折，そして雨滴の内部に入った光線の内部反射によって引き起こされる。太陽の白色光は，実際はスペクトルのすべての色から成り立っている。雨滴の内部では，白色光はそれを構成する色に分かれ，反射して観察者のほうに戻って来る。プライマリーレインボーでは，その色は内側から外側へ，紫，藍，青，緑，黄，オレンジ，赤となっている。赤い帯は太陽光線に対して約42度の角度を成し，そのほかの色の帯は，そこから順次小さな角度となる。

(1) 空所を含む文と次の文で，太陽高度と虹の見え方との関係が述べられている。太陽高度が高いというのは，「地平線 [水平線]」(horizon) から太陽が遠い位置にあるということである。sky「空」，raindrop「雨滴」，space「空間」　**解 答 3**

(2) 太陽高度が低いと，虹は「見える」(visible) という文意を完成する。tolerable「我慢できる」，audible「聞こえる」，edible「食べられる」　**解 答 1**

(3) 虹の色は reflection「反射」によって「引き起こされる」(are caused) とする。hurt (< hurt)「傷つける」，fail「失敗する」，shoot (< shot)「撃つ」　**解 答 3**

(4) 白色光はスペクトルのすべての色から「成り立っている」(*be* composed of) とする。compare「比較する」，consider「熟慮する」，collect「集める」　**解 答 2**

[B]   Charities during Recession

When an economy is in serious trouble for an extended period, this is called a recession. At such times, large numbers of poor people face problems such as hunger or homelessness. Although charities try to help, their own financial resources also usually become much more (**5**). That is because donations and other forms of public support to them become smaller as ordinary Americans cannot give as much. Although about a third of Americans regularly donate to domestic or international charities, this figure falls dramatically during times of economic trouble. Charities may then turn to state or federal governments for help, but those governments are also limited in what they can do. Governments collect less tax from taxpayers and so have smaller budgets themselves.

The most recent recession was especially hard on charities, since the costs of many (**6**) rose. Food prices increased, for instance, so charities could not purchase as much food to hand out in their shelters. Gasoline prices also rose, which made it harder for charities to transport beds, clothing, and other such items to centers helping the poor or homeless. Because their operating expenses were increasing and their income from donations was decreasing, charities could not help as much as they wanted. Therefore, in major urban areas, millions of Americans (**7**) because of the financial problems facing charitable organizations.

Some activists believe, however, that even if Americans are unable to donate funds, donating time or services to charities could be of great help. Volunteering to paint homes of the elderly or cook food in homeless shelters are two ways people can help others without using cash. Other activists believe that wealthy people should donate more during recessions. They say this would make up (**8**) the decline in donations among working- and middle-class citizens at such times.

(5)	1 regulated	2 protected	3 revealed	4 restricted
(6)	1 necessities	2 investments	3 audible	4 policies
(7)	1 accused	2 demoted	3 improved	4 suffered
(8)	1 in	2 for	3 on	4 to

不況時の慈善事業

　長期間経済が大変困難な状態にある時，これを不況と呼ぶ。そのような時には，多くの貧しい人々が，飢餓またはホームレスといった問題に直面する。慈善団体が援助を試みるものの，たいてい彼ら自身の財源もはるかに制限される。これは，普通のアメリカ人がこれまでと同じ金額を与えることができなくなるため，寄付やそのほかの形式の市民の支援が小さくなるからである。アメリカ人のおよそ3分の1が定期的に国内の，もしくは国際的な慈善団体に寄付をしているが，この数字は経済的に困難な時期には劇的に減少する。そうなれば，慈善団体は州政府もしくは連邦政府に援助を求めるだろうが，その政府もまた，できることに限りがある。政府が納税者から徴収する税が少なくなっているので，政府自体の予算が縮小しているのだ。

　ごく最近の不況では多くの必需品のコストが上がったため，慈善団体にとっては特に大変だった。例えば食料品の価格が上昇したので，慈善団体は自分たちの避難所で渡すのに，これまでと同じ量の食糧を購入することができなかった。ガソリン価格も上がったため，慈善団体がベッドや衣類，そのほかの品目を，貧しい人々やホームレスを援助しているセンターへ輸送することが一層困難になった。運営費が増加し，寄付による収入は減少していたので，慈善団体は彼らが望むだけの援助をすることができなかった。従って，主要な都市部では，慈善団体が直面している財政的な問題のため，何百万ものアメリカ人が苦しんだ。

　しかし，たとえアメリカ人が資金を寄付することができないとしても，時間や奉仕作業を慈善団体に寄付することで大きな助けになりうると考える活動家もいる。ボランティアで高齢者の家のペンキ塗りをしたり，ホームレスの避難所で料理をしたりすることは，現金を使わずに人を助ける2つの方法である。不況の間は，裕福な人々がより多くの寄付をすべきだと考えている活動家もいる。それがこのような時期の労働者階級と中流階級の市民の寄付の減少を埋め合わせると，彼らは言う。

(5) 空所を含む文の前半の節が接続詞 Although「〜にもかかわらず」で始まっているので，その論理展開に合う restricted「制限される」を選択する。　**解答 4**

(6) 空所を含む文に続く2文で，食料品とガソリンという2つの necessities「必需品」の価格上昇とその影響が具体的に説明されている。　**解答 1**

(7) 不況による慈善事業への悪影響という第2段落の内容を考えると，空所部は，多くの都市部のアメリカ人が「苦しんだ，困った目に遭った」(suffered) というフレーズになるとわかる。空所後の because of が表す論理展開にも注目。　**解答 4**

(8) 文脈，そして空所に入る前置詞の目的語が the decline in donations … であることから，make up for「（損失）の埋め合わせをする」を導き出す。　**解答 2**

[C]　　　　Culture and Personal Space

　　Unless humans have electronic audio equipment such as microphones to make their voices louder, they must stand (**9**) close to one another to communicate: effective voice communication ranges from 0 to 1.2 meters. Within this short distance, however, there are still very important differences based on culture. In some cultures, people stand closer and in others they stand farther apart while talking.

　　Westerners such as Americans or Germans generally only allow close friends or family to come within 0.9 meters of them. If a stranger moves into this personal space, they will usually back away to reestablish this distance. In other cultures, though, such as Saudi Arabia's or India's, it is not uncommon for strangers to communicate within 0.7 meters. In many non-Western cultures, standing close means people trust each other, whereas standing at some distance indicates dislike.

　　Therefore if a person, while in these countries, backs away from communication at close range, this can cause problems. It may cause trouble not only (**10**) business relations go, but also personally. If you back away from a Saudi in a conversation, he may be deeply offended. However, a stranger moving into the personal space of a Westerner may be thought threatening.

　　With these varying concepts of personal space, in some Western-Saudi business talks, the Westerner continually moves away and the Saudi continually moves forward to reestablish physical closeness. Ultimately, they may find (**11**) on business under such conditions impossible.

　　These cultural misunderstandings (**12**) because many people are unaware of the differing concepts of personal space around the world. In particular, business or political negotiators may find their work goes more smoothly when they learn at least the basics about the personal space concepts of other cultures.

(9)	1 fairly	2 brightly	3 consecutively	4 capably
(10)	1 even though	2 so that	3 if however	4 as far as
(11)	1 carrying	2 putting	3 making	4 setting
(12)	1 emerge	2 assure	3 admit	4 involve

文化と個人空間

　マイクのような声を大きくする電子音響機器がない限り，人間はお互いにやりとりをするのに，相当近くに立っていなければならない。声による効果的なコミュニケーションのための距離は，0～1.2メートルの間である。しかしこの短い距離の範囲内でもまだ，非常に重要な，文化に基づいた違いがあるのだ。人々が会話中に，より近くに立つ文化もあれば，より遠くに離れて立つ文化もある。

　アメリカ人やドイツ人のような欧米人は，一般に親友または家族にだけ，自分の0.9メートル以内に来ることを許容する。知らない人がこの個人空間に入り込むと，この距離を回復するために，彼らはたいてい後ずさりする。しかし，サウジアラビアやインドのようなほかの文化においては，知らない人が0.7メートル以内でやりとりすることは珍しいことではない。多くの非欧米文化において，近くに立つことは人々が互いを信頼していることを意味し，いくらか距離を置いて立つことは嫌悪を表す。

　従って，これらの国々で近距離でのコミュニケーションから後ずさりすると，このことで問題が起きかねない。それはビジネス関係に限らず，個人的にもトラブルを引き起こすこともある。あなたがもし会話中にサウジアラビア人から後ずさりすれば，彼はひどく気分を害するかもしれない。しかし，知らない人が欧米人の個人空間に入り込めば，その者は威嚇していると思われるかもしれないのだ。

　このように個人空間の概念が多様なため，欧米人とサウジアラビア人との商談において，欧米人が絶えず離れようとし，そしてサウジアラビア人が身体的な親密さを取り戻すために絶えず前進するといったことが起こる。結局，彼らはそのような状態でビジネスを続行するのは不可能だと思うだろう。

　こうした文化的な誤解が浮上するのは，世界中で個人空間の概念が異なっていることを，多くの人々が知らないからである。特にビジネスまたは政治的な交渉を行う者は，少なくとも他文化の個人空間の概念の基本を知れば，彼らの仕事がよりスムーズに進むことに気付くだろう。

(9) 空所に入る語が後ろのclose を修飾する副詞である点，そのclose は動詞stand を修飾する副詞である点から判断してfairly「かなり」を選ぶ。　**解答 1**

(10) 空所後の節を導く接続詞を選ぶ問題。not only ～ but also …「～だけではなく，…も」の構文に注意しながらpersonally と対照的なフレーズになるように，as far as「～する限り（では）」を選ぶ。　**解答 4**

(11) find *OC*「*O* を *C* だと気付く，わかる」の構文で，空所に入るのは *O* に当たる動名詞。carry on「（勤め・仕事）を続ける」　**解答 1**

(12) 空所直後にbecause で始まる節が続いているので，空所にはThese cultural misunderstandings を主語とする自動詞emerge「現れる」が入る。　**解答 1**

筆記4

長文の内容一致選択①

今日の目標

時間内に問題を解く手順と注意点をチェックしよう！

筆記4では3つの長文[A][B][C]の内容に関して設問がそれぞれ3問，4問，5問出題される。[A]は200語前後のEメール，[B][C]は300〜350語のレポートである。文章が長いため時間配分が大切だ。ここでは素早く内容を把握するための方法を説明する。

POINT **1** まず設問と選択肢に目を通そう!

[A]のEメールを5分，[B][C]を各10分以内に解答するのが理想であるが，普通にゆっくりと解いていては時間が足りなくなってしまうだろう。そこで，限られた時間内に効率よく解答するためには，まず設問に目を通すとよい。筆記4では，文章の全体的な理解を必要とする内容になっていることが多い[C]の最後の設問を除けば，通常は各段落に関する質問が順番に出題される。そのため，設問に目を通すことで，文章のおよその流れをつかむ手がかりを得られる。また，質問文や選択肢に繰り返し出てくるキーワードは，文章内容の予測・理解の助けになる。特に[A]は用件を伝える簡潔なEメールなので，設問に目を通すことで，どのような情報をEメールから読み取る必要があるのかをあらかじめ理解でき，解答時間を大きく短縮できるはずだ。

POINT **2** タイトル・書き出しの文に注意しよう!

英文の論旨の展開は，最初に主題と結論を明示し，その後，具体的にそれを説明していくという場合が多い。[A]のEメールでは，ヘッダーと呼ばれる冒頭の発信人，宛先，日付，件名などの情報が素早い内容理解の助けになる。[B][C]のレポートでは，タイトルや書き出しの第1〜第2文はその後の文章展開を予測するために重要だ。各段落の構成も，最初に段落の主旨を述べてから，続く文で具体的な説明を展開するというパターンが多い。各段落の冒頭の文をチェックしていくことで，だいたいの文章の流れを把握することが可能になる。

例題

From: Tom North <tnorth@interlink-s.com>
To: Stephanie Brenner <sbrenner@steptwopublishing.com>
Date: June 13, 2008
Subject: Next week

Dear Ms. Brenner,

I have made the arrangements for your visit to my company, Interlink Services, next week. My co-workers and I are excited about having the chance to meet the author of *The Secrets of Successful Marketing* in person. You said in your e-mail that your presentation would be based on the marketing issues you wrote about in your book. I think that is an excellent idea.

I put your plane tickets in the mail yesterday, so they should arrive soon. You will be taking Southeastern Airways Flight 258, departing from Atlanta at 9:30 a.m. on June 18 and arriving in Boston at 12:10 p.m. I will meet you at the airport and take you to your hotel. I have booked a room for you at the Majestic Hotel, which is not far from our office.

(1) What will Ms. Brenner do in Boston?

    1 Meet a famous author in person.

    2 Discuss her ideas for a new book.

    3 Give a presentation on marketing.

    4 Make arrangements for a trip.

(2) What does Tom North say he will do on June 18?

    1 Fly to Boston from Atlanta.

    2 Put some flight tickets in the mail.

    3 Book a room at the Majestic Hotel.

    4 Pick Ms. Brenner up from the airport.

(08-1 より一部抜粋)

発信人：トム・ノース <tnorth@interlink-s.com>
宛先：ステファニー・ブレンナー <sbrenner@steptwopublishing.com>
日付：2008 年 6 月 13 日
件名：来週

親愛なるブレンナー様，

　来週，当インターリンク・サービス社へご訪問いただく準備は整えました。同僚も私も，『成功するマーケティングの秘訣（ひけつ）』の作者と直接お会いできる機会が持てることに，期待を膨らませております。E メールでは，プレゼンテーションは著書の中でお書きになっていたマーケティングの諸問題に基づくとのことでしたが，それは大変素晴らしいアイデアだと思います。

　航空券は昨日郵便でお送りいたしましたので，間もなく届くと存じます。ご搭乗いただくのはサウスイースタン航空 258 便，アトランタ発 6 月 18 日午前 9 時 30 分，ボストン着午後 12 時 10 分です。私が空港までお迎えに上がり，ホテルまでご案内いたします。当社事務所から遠くないところにあるマジェスティック・ホテルに部屋を取りました。

(1) ブレンナーさんはボストンで何をするのか。
   1　有名な作家に直接会う。
   2　新しい本についての彼女のアイデアを話し合う。
   3　マーケティングに関するプレゼンテーションを行う。
   4　旅行の手配をする。

(2) トム・ノースは 6 月 18 日に何をすると言っているか。
   1　アトランタからボストンへ飛行機で行く。
   2　何枚かの航空券を郵送する。
   3　マジェスティック・ホテルの部屋を予約する。
   4　ブレンナーさんを空港に迎えに行く。

解 説 まず質問に目を通すことで，読み取るべき情報は (1) Ms. Brenner がボストンで何をするのか (2) Tom North が 6 月 18 日に何をするのか，であることがわかる。また，設問 (2) の選択肢から，何か旅行に関する内容ではないかということも予測できる。なお，質問文には Brenner, Tom North の名前が出てくるが，ヘッダーを見るとそれぞれ宛先と発信人であるとわかる。

設問 (1) については，第 1 段落第 1 文から Brenner が North の会社を来週訪れることになっていて，その手配を North が進めていることがわかる。Brenner が何をするかは第 1 段落の後半，North の会社がボストンにあることは第 2 段落からわかる。

設問 (2) にある June 18 の日付をメール文中に探すと，第 2 段落でその日に Ms. Brenner がボストンに来ること，そして Tom North が彼女を空港からホテルに案内することがわかる。

解答：(1) 3　(2) 4

第1日　第2日　第3日　第4日　第5日　第6日　第7日　第8日　第9日　第10日　第11日　第12日　第13日　第14日　第15日　第16日　第17日　第18日　第19日　第20日

次の英文 [A], [B] の内容に関して，(1) から (7) までの質問に対して最も適切な
ものを 1, 2, 3, 4 の中から一つ選びなさい。

[A]

From: Melissa Holmes <melissa.holmes@bluediamond.net>
To: James Connor <james.connor@bluediamond.net>
Date: Monday, December 13
Subject: LightFoot Gym Shoe Campaign

Dear James,

I know you are working on the marketing campaign for the
LightFoot gym shoe. You may even be nearing completion on it. I
know you were planning to present it at the department meeting
next week. However, I'm afraid we need you to stop your
assignment for a while. Our CEO has decided to reduce our
marketing budget. Therefore, we're pausing all marketing
campaigns at present. That includes the LightFoot campaign
we're doing.

The CEO is doing a review of all our marketing activities, and
within about a week she'll choose which programs she wants to
maintain and which she wants to end. Hopefully, she will continue
LightFoot, but we can't be certain. I don't want our personnel just
waiting a week for her decision, though.

So in the meantime, I'd like you to go see Luke Hammerstein in
Design. His team could use your help with various assignments
they're working on. He's on Floor 18; I already told him to expect
you, so there's no need to e-mail him.

Thanks for your flexibility.

Regards,

Melissa Holmes
Vice-president
Blue Diamond Fashion Group

(1) Why does Melissa Holmes ask James to stop what he is doing?

  1 She wants to give his work to someone else.

  2 His department has been reduced in size.

  3 His ongoing project has been suspended.

  4 She wants to have a meeting with him today.

(2) What will the CEO do after about a week?

  1 Expand the marketing budget.

  2 Choose new marketing personnel.

  3 Review customer reaction to the LightFoot shoe.

  4 Select which marketing programs to keep.

(3) What does Melissa Holmes ask James to do?

  1 Work in another department.

  2 Recruit a new team.

  3 Wait for more information.

  4 E-mail her back.

Answers

発信人：メリッサ・ホームズ <melissa.holmes@bluediamond.net>
宛先：ジェームズ・コナー <james.connor@bluediamond.net>
日付：12月13日 月曜日
用件：ライトフット運動靴のキャンペーン

親愛なるジェームズ，

　あなたがライトフット運動靴のマーケティング・キャンペーンに取り組んでいるということはわかっています。もう完了に近づいてしまっているのかもしれません。あなたが来週，部の会議でそのことについてプレゼンテーションをする予定になっていたということも知っています。しかし，残念ながらあなたの仕事をしばらくの間，中止していただく必要が出てきました。わが社のCEO（最高経営責任者）は，マーケティングの予算を減らすことを決定しました。従って，現在マーケティング・キャンペーンをすべて中断しています。それには，われわれが行っているライトフットのキャンペーンも含まれています。

　CEOはわが社のすべてのマーケティング活動の見直しを進めており，およそ1週間以内で，どのプログラムを継続し，どれを終わらせたいかを選びます。うまくいけば，彼女はライトフットを続けるでしょうが，確かなところはわかりません。しかし，私はわが社の社員に1週間をただ彼女の決定を待って過ごしてほしいとは思いません。

　ですからそれまでの間，あなたはデザイン部のルーク・ハマースタインに会いに行ってください。彼のチームが取り組んでいるいろいろな任務で，あなたの力が役に立つでしょう。彼は18階にいます。彼にはもうあなたが来ることを伝えておきましたから，彼にEメールを送る必要はありません。

　柔軟な対応をお願いします。

敬具

メリッサ・ホームズ
副社長
ブルーダイヤモンド・ファッショングループ

(1) なぜメリッサ・ホームズは，ジェームズに彼がやっていることをやめるよう頼んでいるのか。
1 彼女は彼の仕事をほかの誰かに与えたがっているから。
2 彼の部署の規模が縮小されたから。
3 彼の進行中のプロジェクトが一時停止されたから。
4 彼女は彼と今日，会合を持つことを望んでいるから。

第1段落第4文で，メリッサがジェームズに現在やっている仕事を中止するように言い，第5〜第6文でその理由を説明している。（第1文）the marketing campaign →（第4文）your assignment →（質問文）what he is doing という言い換えに注意しながら読み進めよう。（第6文）we're pausing →（正解肢）has been suspended という言い換えにも注意。

解答 3

(2) CEO は，およそ1週間後に何をするか。
1 マーケティングの予算を拡大する。
2 新しいマーケティング人員を選ぶ。
3 ライトフットの靴に対する顧客の反応をよく分析する。
4 どのマーケティング・プログラムを継続するかを選択する。

第2段落第1文の後半，within about a week she'll choose which programs … から正解がわかる。within about a week のような時間表現は，解答の鍵になることが多いため，注目ポイントである。

解答 4

(3) メリッサ・ホームズはジェームズに，何をするよう頼んでいるか。
1 別の部署で働く。
2 新しいチームのメンバーを採用する。
3 さらなる情報を待つ。
4 彼女にEメールの返信を送る。

第3段落第1文でデザイン部の Luke Hammerstein に会いに行くように，そして第2文では暗にデザイン部を手伝うよう指示している。

解答 1

[B]   Ethanol

A type of alcohol made from corn, is now used to power cars on a limited scale within the United States. Ethanol, as it is called, releases little carbon air pollution compared to gasoline. Supporters of ethanol therefore promote it as a clean energy that can be made from America's abundant grains. The United States government has spent billions of dollars on developing ethanol and financially supporting its sale.

Most ethanol comes from the U.S. Midwest, so the ethanol program has strong support from many citizens in those states. However, there are many critics of ethanol, who claim it is a waste of money. They say there are several reasons why the product has a low chance of replacing gasoline. Many of their criticisms focus on the experiences of drivers who use it. Critics claim that drivers using ethanol report many negative effects. Their cars tend to get fewer miles per gallon and handle worse on the roads. Some have also reported engine damage resulting from ethanol use. Moreover, ethanol seems unable to compete against gasoline in the market on its own. It is much more expensive than gasoline to produce and distribute, so it can only be sold at the same price as gasoline because of government financial support.

Supporters of ethanol acknowledge these criticisms, but respond that the ethanol program can only develop slowly. It simply needs more time to progress—just like any other form of energy. That means it deserves the high research and development funds the program receives. They claim that ethanol could eventually solve at least part of America's demand for nature-friendly energy that can be created within America. Both supporters and opponents of ethanol continue to try and increase political support for their views. This issue regularly features as a hot topic among voters in local, state, and national elections. It seems that the controversy over ethanol will not go away any time soon.

(4) What is one reason supporters promote ethanol over gasoline?

  1 It is much cheaper.

  2 It is much cleaner.

  3 It is easier to develop.

  4 It is simpler to distribute.

(5) The use of ethanol

  1 will likely prevent the development of efficient car engines.

  2 will soon overtake the use of gasoline in many countries.

  3 is backed by many people within a certain region of the United States.

  4 is earning large amounts of money for the U.S. government.

(6) What is one thing that critics claim about ethanol?

  1 Cars that use it do not perform well on the roads.

  2 Drivers that buy it do not receive enough financial aid.

  3 Companies that sell it cannot get it in large amounts.

  4 Governments that support it use unscientific reports.

(7) Why does the passage state the ethanol program will remain controversial?

  1 Because it is progressing far too quickly.

  2 Because it is becoming less nature-friendly.

  3 Because it has failed to get enough research funds.

  4 Because it has become a sensitive political issue.

エタノール

　今日，アメリカ国内で，限られた規模ではあるが，トウモロコシから作られるアルコールの一種が車を動かすために使われている。エタノールと呼ばれるそれは，ガソリンと比べて，二酸化炭素の大気汚染物質をほとんど排出しない。従ってエタノールの支持者は，それをアメリカの豊富な穀物から作ることができるきれいなエネルギーとして奨励している。アメリカ政府は，エタノールの開発とその販売に対する財政的支援に，数十億ドルを使った。

　大部分のエタノールはアメリカ中西部産で，エタノールの計画はそれらの州の多くの市民から強く支持されている。しかし，それはお金の浪費であると主張し，エタノールを批判する人も多くいる。彼らによれば，エタノール製品がガソリンに取って代わる可能性は低いという理由がいくつかある。彼らの批判の多くは，それを使用するドライバーの体験に焦点を当てている。エタノールを使用しているドライバーから，多くの好ましくない影響が報告されていると批判者たちは主張する。彼らの車は燃費が悪く，そして路上で運転性能が劣る傾向がある。また，エタノールの使用によるエンジンの損傷を報告した者もいる。さらに，エタノールは市場において，独力ではガソリンと競争にならないようである。エタノールは製造・流通費用がガソリンよりはるかに高額であり，政府の財政援助ゆえにガソリンと同じ価格で売ることができているのである。

　エタノールの支持者はこれらの批判内容を認めてはいるものの，エタノールの計画はゆっくりと進展するしかないのだと答える。ほかのエネルギー製品と同じように，エタノールが進化するためにはもう少し時間が必要なだけなのだ。それは計画が，与えられる高額な研究開発資金に値することを意味する。国内で生み出すことのできる自然にやさしいエネルギーをというアメリカの需要を，エタノールは最終的に少なくとも部分的には満たすことができると，彼らは主張する。エタノールの支持派と反対派の双方とも，彼らの意見に対する政治的な支持を増やそうとし続けている。この問題は，地方選挙，州選挙，および国政選挙で，有権者の間でホットな話題として蒸し返される。エタノールをめぐる論争が近いうちに収まることはないだろう。

(4) 支持者たちがガソリンよりもエタノールを奨励する理由の一つは何か。
1 それははるかに安い。
2 それははるかにきれいだ。
3 それは開発することがより簡単だ。
4 それは流通させるのがより簡単だ。

第1段落第2文に，エタノールがガソリンと比べて，二酸化炭素の汚染物質を排出しない，きれいなエネルギーであることが述べられている。

解答 **2**

(5) エタノールの使用は
1 効率的な自動車のエンジンの開発を妨げる可能性がある。
2 間もなく多くの国においてガソリンの使用量を追い抜くだろう。
3 アメリカの特定の地域で多くの人々に支持されている。
4 アメリカ政府のために大金を稼いでいる。

第2段落第1文から正解がわかる。（第1文）the U.S. Midwest → （正解肢）a certain region of the United States と表現が変化している点に注意。具体的な記述から，より一般的な記述への言い換えである。

解答 **3**

(6) 批判者たちがエタノールについて主張していることの一つは何か。
1 それを使用する車は，道路で性能をうまく発揮できない。
2 それを買うドライバーは，十分な財政援助を受けない。
3 それを売る会社は，それを大量に入手することができない。
4 それを支援する政府は，非科学的な報告を使用している。

第2段落は主にエタノールに対する批判的な意見が書かれており，第5～第6文が正解への直接の鍵になる。燃費が悪く運転しづらいことを，正解肢では do not perform well と言い換えている。

解答 **1**

(7) なぜこの文章はエタノールの計画が論争の渦中にあり続けるだろうと述べているのか。
1 それがあまりにも速く進行し過ぎているから。
2 それがより自然にやさしくなくなりつつあるから。
3 それが十分な研究資金を得ることに失敗したから。
4 それがデリケートで政治的な争点になっているから。

エタノールには支持する者と反対する者がいると書かれているが，第3段落ではそれが政治を巻き込んだ論争になっていることが述べられている。これ受けて，論争が近いうちに終わることはないだろうと文章を締めくくっている。

解答 **4**

リスニング第 1 部

会話の内容一致選択①

今日の目標

リスニング第 1 部の解法の基本を攻略しよう！

リスニング第 1 部は，男女 2 人の会話と，その内容に関する質問を聞き，問題用紙に印刷された 4 つの選択肢から答えを選ぶ形式である。第 1 部の解法の基本となる 3 つのポイントをマスターしよう。

POINT **1** 問題の選択肢を事前にチェックしよう！

リスニングの解答時間は短いので，時間をいかに有効に使うかが重要になる。第 1 部の会話文は一度しか放送されず，解答時間は 1 問当たり 10 秒しかない。そこで，筆記試験を早めに解き終えた場合はもちろん，筆記試験終了時間ぎりぎりまでかかってしまった場合にも，会話文が放送されるまでの時間を使って選択肢に目を通しておこう。そうすれば，会話と質問文の内容，さらには聞き取るべきポイントをある程度予測でき，解答時間を節約できる。同様に，問題を解き終わったら，次の問題の放送が始まるまでの時間にも，次の選択肢に目を通すようにしよう。

POINT **2** 会話の「場面」と「状況」を把握しよう！

第 1 部で問われている能力は，会話が行われている「場面」（レストラン・学校など）と「状況」（買い物・道案内など）を把握した上で，会話の内容を正しく聞き取れるかどうかである。「場面」と「状況」を素早くイメージできるかどうかで，会話の内容と展開の理解が大きく左右されてしまう。これらを会話のなるべく早い段階で把握できるようにしよう。なお，会話の話し手は「友人や会社の同僚」が圧倒的に多く，ほかにも「店員と客」，「家族」などがある。また，電話の会話が毎回 1 ～ 2 問程度出題される。

POINT **3** 質問文の内容を注意して聞こう！

会話の内容に関する質問は，疑問詞（5W1H）を用いている。これを聞き落としては正解はおぼつかない。また，主語（誰が）と動詞（何をする［した］）も聞き逃さないように集中しよう。頻出の疑問詞は What と Why である。

また，会話中に「逆接」（but, though など）が用いられていることがあり，その場合には直後に解答の鍵が提示されていることが多い。

例題

【放送される英文】

★：May I help you, ma'am?

☆：Yes. I have a seat on the flight to Memphis at 4:40 this afternoon, but I'm wondering if I can leave on the 1:40 flight instead.

★：Let me see. There is a seat open on that flight, but you'll have to pay a small extra charge to make that change.

☆：That's all right. I don't mind.

Question: What does the woman want to change?

【問題冊子に印刷された選択肢】

1 The method of payment.

2 The flight she will take.

3 Her destination.

4 Her seat on the plane.

(08-2)

訳

★：ご用件をお伺いいたします。

☆：ええ。今日の午後4時40分発のメンフィス行きの航空券を予約しているのですが，1時40分の便に変更できないかしら。

★：少々お待ちくださいませ。そちらの便に空席はございますが，変更手数料が少々掛かります。

☆：大丈夫です。構いません。

質問：女性は何を変更したいのか。

1 支払い方法。

2 彼女が乗る飛行機の便。

3 彼女の行き先。

4 機内の彼女の座席。

解説

選択肢にある payment, flight, seat などの語から，会話は航空券購入の場面ではないかと予想できる。放送された会話の最初のやりとりから，チケットカウンターでの店員と客との対話で，客が航空券の時間変更をしようとしているということを把握したい。質問文は疑問詞が What（何を），主語は the woman（女性は），述部は want to change?（～を変更したいのですか）である。正解の決め手となるのは，女性の最初のせりふ中にある「逆接の接続詞」but 以下の部分。

解答：2

Practice ⦿ CD 3~12 ··

対話を聞き，その質問に対して最も適切なものを **1, 2, 3, 4** の中から一つ選びなさい。解答時間はそれぞれ 10 秒です。

No. 1 1 He is lost and confused.
2 He has a train to catch.
3 He has a meeting to attend.
4 He needs to go to the hospital.

No. 2 1 The presents they bought.
2 A birthday present for their relatives.
3 The gifts given to them.
4 Gifts they are going to buy.

No. 3 1 He has to transfer to another department.
2 Izumi has to leave the company.
3 Izumi is making him work longer hours.
4 He has to stay in his current position.

No. 4 1 He went to Shinjuku to do business.
2 He went to his office in Shibuya.
3 He went to see a movie in Shibuya.
4 He went to Shinjuku to see a movie.

No. 5 1 She didn't understand his question.
2 She didn't hear what he said.
3 Her friend has her baggage.
4 Her friend is going to help her with her baggage.

No. 6	1 He has already been to Britain.
	2 Jill recommended that he study there.
	3 Australia is too expensive for him.
	4 It has the best study options for him.

No. 7	1 A small car.
	2 A sedan.
	3 A van.
	4 Any automatic car.

No. 8	1 The shop will give him a new pair of shoes.
	2 The man will complain again to the shop manager.
	3 The man will get a refund.
	4 The shop will repair his shoes.

No. 9	1 She'll catch her connecting flight at 10 a.m.
	2 She'll leave a message for Alan.
	3 Alan will have to wait at the airport.
	4 Alan and Anne won't be able to meet.

No. 10	1 To take an English test for her.
	2 To help her plan a trip to America.
	3 To help her study English.
	4 To talk to her about American life.

No. 1

★：Excuse me, but would you tell me the way to the station?

☆：Sure. Go straight up this street three blocks. You'll see it on the right.

★：Do you think I can get there in ten minutes? I have to take the 2:30 express.

☆：You can manage if you hurry.

Question: Why is the man going to hurry?

> ★：すみませんが，駅に行く道を教えていただけますか。
>
> ☆：いいですよ。この通りをまっすぐ3ブロック進んでください。そうすると右手に見えますよ。
>
> ★：10分で行けると思いますか。2時30分の急行に乗らなくてはならないので。
>
> ☆：急げば何とかなりますよ。
>
> 質問：なぜ男性は急ごうとしているのか。
>
> **1** 道に迷って困惑しているから。
>
> **2** 乗車すべき電車があるから。
>
> **3** 出席すべき会議があるから。
>
> **4** 病院に行く必要があるから。

選択肢がすべて He で始まっているので，「男性に関すること」に注意してリスニングをしよう。会話文では男性のせりふ I have to take the 2:30 express. を聞き逃さないようにしよう。

解答 2

No. 2

☆：Look at all these gifts we bought in Paris.

★：We really had to rack our brains to decide what to buy.

☆：Yes, I even began to wish we hadn't been given so much money by friends and relatives.

★：It made you feel obligated to find a nice gift for everyone.

Question: What are they talking about?

> ☆：私たちがパリで買ったこのお土産，全部を見てよ。
>
> ★：何を買ったらよいか，本当に知恵を絞らなくてはならなかったね。
>
> ☆：そうね。友達や親せきからそんなにせん別をもらわなければよかったとさえ思い始めてきたわ。
>
> ★：それでみんなにいいお土産を見つけなくてはならないという気にさせられたからね。
>
> 質問：彼らは何について話しているか。
>
> **1** 購入したお土産について。
>
> **2** 親せきへの誕生日のプレゼントについて。
>
> **3** 自分たちがもらったお土産について。
>
> **4** 購入予定のお土産について。

選択肢にはプレゼント（お土産）に関することが並んでいるので，それに注意してリスニングをすればよい。

解答 **1**

No. 3

☆：Hi, Simon, did you get that promotion you were hoping for?

★：No, they gave it to Izumi instead. I was really disappointed not to get it.

☆：You shouldn't be. Remember, she's been here two years longer than you.

★：I guess you're right, even though I'd hoped they'd noticed I've been working really hard.

Question: Why does Simon feel down?

> ☆：ねえ，サイモン，希望していた昇進はできたの？
>
> ★：いや，僕ではなくてイズミが昇進したんだ。昇進できなくて本当にがっかりしたよ。
>
> ☆：がっかりすることないわよ。いい，彼女はあなたより2年長くここにいるのよ。
>
> ★：君の言うとおりさ。だけど，僕が本当に一生懸命に仕事をしてきたことを，彼らに気付いてほしいと思っていたんだ。
>
> 質問：なぜサイモンはがっかりしているのか。
>
> **1** 彼は別の部署に異動しなければならないから。
>
> **2** イズミが会社を辞めなければならないから。
>
> **3** イズミが彼に，より長い時間労働をさせているから。
>
> **4** 彼が現在の地位にとどまらなければならないから。

選択肢からは，会社での会話ではないかと推測しよう。正解は最初のやりとりから判断できる。会話の was really disappointed が質問文では feel down に言い換えられていることを理解できるかどうかもポイント。

解答 **4**

No. 4

☆：Hi, John, how was the train this morning?

★：I hate to say this, but I really had a hard time. I wanted to get off at Shinjuku Station, but the train was so crowded I couldn't get off.

☆：Really? What did you do then?

★：I gave up going to my office, and went to the movies in Shibuya.

Question: What did John do this morning?

> ☆：ねえ，ジョン，今朝の電車はどうだった？
>
> ★：言いたくないけど，本当にひどかったよ。新宿駅で降りたかったんだけど，電車が込んでいて降りられなかったんだ。
>
> ☆：本当？それでどうしたの？
>
> ★：仕事に行くのをやめて，渋谷に映画を見に行ったよ。

Answers

質問：ジョンは今朝何をしたか。
1 仕事をするために新宿に行った。
2 渋谷の彼の職場に行った。
3 渋谷に映画を見に行った。
4 映画を見に新宿に行った。

選択肢から「この男性はどこに何をしに行ったのか」ということがポイントになる。Shinjuku や Shibuya で何をしたのか[しなかったのか]を聞き取る。

解答 **3**

No. 5

★：Do you need some help with your baggage, madam? They look so heavy.
☆：I'm sorry. What did you say?
★：I asked if I could help you with your baggage?
☆：No, thank you. I'm fine. I'm waiting for my friend. He'll help me.
Question: Why doesn't the woman want the man's help?

> ★：あのう，お荷物を運ぶのをお手伝いしましょうか。とても重そうですね。
> ☆：ごめんなさい，何とおっしゃいましたか。
> ★：お荷物を運ぶのをお手伝いしましょうか，と申し上げたのです。
> ☆：結構です。大丈夫ですよ。友達を待っているところなんです。彼が手伝ってくれるわ。
> 質問：なぜ女性は男性の手伝いを望んでいないのか。
> 1 彼の質問が理解できなかったから。
> 2 彼が言ったことを聞き取れなかったから。
> 3 友人が荷物を持っているから。
> 4 友人が荷物の面倒を見てくれることになっているから。

選択肢 3，4 を見ると「女性の友達」が「荷物」に関して登場することがわかる。「荷物」ということを念頭において，リスニングをするとよいだろう。女性は最終的に男性の言ったことを理解しているので，選択肢 1, 2 は誤り。

解答 **4**

No. 6

☆：Toru, I heard you're going to study in America this year. You're not going to Britain?
★：Well Jill, I was considering studying in Britain, but it's getting really expensive there these days.
☆：What about Australia? It's cheap—and exciting.
★：I'd like to visit, but I think that the courses in the States are most suitable.
Question: Why did Toru choose to study in the States?

70

☆：トオル，あなたは今年アメリカに留学する予定だと聞いたわ。イギリスには行かないの？

★：うん，ジル。イギリスに留学しようと考えていたんだけど，最近はイギリスは本当にお金が掛かるんだ。

☆：オーストラリアはどう？ 安いし，それに刺激的よ。

★：行きたいんだけどアメリカのコースが一番ぴったりなんだ。

質問：なぜトオルはアメリカ留学を選んだのか。

1 彼はすでにイギリスに行ったことがあるから。

2 ジルが彼にそこで勉強するように勧めたから。

3 オーストラリアは彼には高過ぎるから。

4 アメリカには彼にとって最良のコースがあるから。

選択肢からは，海外へ行く話ではないかと推測できる。留学先をアメリカに決めた理由は2点あることに注意したい。1点目は費用が安いことで，2点目は学びたいコースがあることである。会話文の courses が選択肢では study options に言い換えられていることに注意。

解答 4

No. 7

☆：Good afternoon. May I help you?

★：Yes, I'd like to rent a car for one day.

☆：Do you have any particular model in mind? We have many models available, such as sedans or vans. Maybe you would prefer a smaller car?

★：No, any model will do as long as it's automatic.

Question: What type of car does the man want to rent?

☆：こんにちは。何かご用ですか。

★：ええ，車を1日借りたいのですが。

☆：何か特定の車種をお考えでしょうか。セダンやバンなど，いろいろなモデルを用意させていただいております。もしかしたら，もっと小さい車がよろしいですか。

★：いいえ，オートマチック車なら何でもいいんです。

質問：男性はどのようなタイプの車を借りたいのか。

1 小さな車。

2 セダン型乗用車。

3 バン。

4 いずれかのオートマチック車。

選択肢から質問の内容は車の種類に関係することだとわかる。正解の決め手となるのは，男性の最後のせりふで，これが選択肢4の内容と一致する。

解答 4

71

No. 8

☆：How can I help you, sir?

★：Look at these shoes. I bought them last week and already the soles are coming loose. They are obviously not well made.

☆：Oh, dear. I see what you mean. Well, of course we'll be happy to replace them for you, or give you a refund.

★：I think I'd rather have my money back.

Question: How will the problem with the shoes be solved?

☆：いらっしゃいませ。

★：この靴を見てください。先週，買ったんですけど，もう靴の底が取れそうなんですよ。明らかに出来が悪いんですが。

☆：それはそれは。かしこまりました。もちろん喜んでお取り換えさせていただくか，払い戻しをさせていただきます。

★：返金をお願いします。

質問：この靴の問題はどのように解決されるだろうか。

1 店が新品の靴を彼に提供する。

2 男性が店長にあらためて苦情を言う。

3 男性が返金を受ける。

4 店が彼の靴を修理する。

店頭での客と店員の会話である。選択肢からポイントは「男性が靴店でどうするか［どうしてもらうか］」ということ。商品に対する苦情が持ち込まれていると容易に推測できる。

解答 **3**

No. 9

★：Hello, Anne, I'll be at the airport to meet you at 10 a.m.

☆：OK great, Alan. But listen, there's a chance I'll miss my connecting flight. If that happens I'll be late.

★：Then what should I do?

☆：I'll leave a message on your answering machine, and tell you my new arrival time.

Question: What will happen if Anne is late?

★：やあ，アン，10時に空港に迎えに行くからね。

☆：ありがとう，アラン。でもね，接続便に乗り損ねることもあるわ。そうしたら遅れるわよ。

★：そのときはどうしようか。

☆：私が留守番電話に伝言を入れて，新しい到着時刻を教えるわ。

質問：アンが遅れるとどうなるだろうか。

1 彼女は10時の接続便に乗る。

2 彼女はアランに伝言を残す。

3 アランは空港で待たなければならなくなる。
4 アランとアンは会えなくなる。

選択肢の flight / the airport / meet などの語から「空港」を舞台にした「待ち合わせ」に関する会話だとほぼ推測できる。会話文では connecting flight「接続便」や answering machine「留守番電話」などの名詞句の聞き取りもポイントとなる。

解答 2

No. 10

☆：David, you're from America, aren't you?
★：That's right, Yumiko. I'm from Chicago. Why do you ask?
☆：Well, It's just that I have an English test soon, but English is really difficult for me. Do you have some free time soon?
★：Yes. Later on, around 4 o'clock. Why don't we talk then?
Question: What will Yumiko probably ask David to do?

☆：デービッド，あなたはアメリカ出身なのよね？
★：そうだよ，ユミコ。僕はシカゴ出身だよ。なぜそんなことを聞くの？
☆：あのね，もうすぐ英語のテストがあるっていうだけのことなんだけど，英語が本当に難しいの。この後で空いている時間はある？
★：うん，後でね，4時ごろだな。その時に話そうよ。
質問：ユミコはおそらくデービッドに何を頼むだろうか。
1 彼女の代わりに英語のテストを受けること。
2 アメリカ旅行の計画を手伝うこと。
3 英語の勉強を手伝うこと。
4 アメリカ人の生活について話すこと。

選択肢からはポイントを絞りづらいが，選択肢の **2** と **3** が To help her … という形になっていることに注目。ユミコがどのような問題を抱えているのかを聞き取り，そのためにデービッドが何をしてくれるのかを推測する。

解答 3

リスニング第 2 部

文の内容一致選択①

今日の目標

リスニング第 2 部の解法の基本を攻略しよう！

リスニング第 2 部は約 50 ～ 70 語程度の長さの英文とその内容に関する質問を聞き、問題用紙に印刷された 4 つの選択肢から答えを選ぶ形式である。第 2 部の解法の基本となる 3 つのポイントをマスターしよう。

POINT 1 問題の選択肢を事前にチェックしよう！

第 1 部と同様に、第 2 部の放送文も一度しか読まれず、解答時間も 1 問当たり 10 秒しか与えられていない。従って、英文の放送が始まるまでの時間と、問題を解き終わって次の問題に移るまでのわずかな時間を有効に活用して問題の選択肢に目を通すようにしよう。そうすれば、英文の内容と聞き取るべきポイントに加えて、質問文の内容も予想できる。時間表現や 5W1H などの情報を整理して正確に聞き取るようにしよう。

POINT 2 英文の「主題」と「内容」を把握しよう！

第 2 部の英文のリスニングで問われている能力とは、英文の主題をきちんと把握した上で、細かい情報を正確に聞き取る能力である。つまり、何について述べている英文なのか、どのように話が展開されているのかを、日付や数などの細かい情報を整理しながら聞き取ることが大切である。なお、英文の内容は、「ある人物の出来事」が圧倒的に多く、「社会的・文化的トピック」、「科学的（理系）トピック」、「アナウンス」などがそれに続く。

POINT 3 質問文の疑問詞を注意して聞こう！

第 1 部と同様に、第 2 部の英文の内容に関する質問も疑問詞（5W1H）を用いた疑問文になっており、中でも What と Why を用いた質問が頻出傾向にある。質問の内容は、放送文全体の理解を問うものが多いが、細かい情報のみを問うものもあるのでどちらにも対応できるように注意して聞き取ろう。

例題

【放送される英文】

Alfred Wainwright lived in an area of northwestern England called the Lake District. He loved walking in the hills there, and in the 1950s, he started writing guidebooks about the area. He would write one page of a book every night. Wainwright preferred to hike alone. He rarely even let his wife go with him. Wainwright's books are still bestsellers among tourists who visit the Lake District.

Question: What did Alfred Wainwright like to do?

【問題冊子に印刷された選択肢】

1 Buy guidebooks for his wife.

2 Paint pictures of hills.

3 Go walking alone.

4 Talk to tourists.

(08-2)

訳

アルフレッド・ウェインライトは湖水地方と呼ばれるイングランド北西部に住んでいた。彼はそこの丘陵を歩くのが好きだった。そして1950年代に，彼はその地方のガイドブックを書き始めた。彼は毎晩その本を1ページずつ書いた。ウェインライトは一人でハイキングをするのを好んだ。彼は妻でさえ，めったに同行させなかった。ウェインライトの本は今でも湖水地方を訪れる旅行者の間ではベストセラーである。

質問：アルフレッド・ウェインライトは何をするのが好きだったか。

1 彼の妻にガイドブックを買う。

2 丘の絵を描く。

3 一人でウオーキングに行く。

4 観光客と話す。

解説

選択肢にある guidebooks, walking, tourists から旅のガイドブックに関する英文ではないかと推測できる。第4文から選択肢**3**が正解。そのほかの選択肢に含まれる guidebooks, hills, tourists などは，放送文中に出てくる単語であるが，いずれも，問われている Alfred Wainwright が好きなこととは関係のない内容になっている。正確に文章の内容を聞き取っていなければ正解にたどりつくことは難しい。

解答：3

英文を聞き，その質問に対して最も適切なものを **1, 2, 3, 4** の中から一つ選びなさい。解答時間はそれぞれ 10 秒です。

No. 1 1 She started sleeping longer hours.
2 She started buying more magazines.
3 She started doing a new job.
4 She started doing regular exercise.

No. 2 1 It is six hours.
2 It is twelve hours.
3 It is one week.
4 It is two weeks.

No. 3 1 It was at a small company.
2 He wanted a higher salary.
3 It was a low-level position.
4 He wanted to be near his family.

No. 4 1 Her jewelry and money.
2 Her jewelry and checkbook.
3 Her rings and bankbooks.
4 Her bracelets and a diamond ring.

No. 5 1 She was his girlfriend.
2 She was his manager in a bookstore.
3 He loved her.
4 He hated her.

No. 6　**1** Wealth.

　　　　2 Looks.

　　　　3 Health.

　　　　4 Personality.

No. 7　**1** She is happy with her figure.

　　　　2 She is not as slim as before.

　　　　3 She used to eat mainly healthy food.

　　　　4 She likes pizza more than sushi.

No. 8　**1** To give the child some spending money.

　　　　2 To give the child work experience.

　　　　3 To develop the child's independence.

　　　　4 To make sure the child has some free time.

No. 9　**1** 64 houses.

　　　　2 28 houses.

　　　　3 2,000 houses.

　　　　4 40 houses.

No. 10　**1** It was covered with strong material.

　　　　2 It was standing on a high place.

　　　　3 It was very big and heavy.

　　　　4 It was below the other houses.

Answers ⏺ CD 14~23 ••

No. 1

Miranda often felt tired at work, despite sleeping eight hours a night. She read a health magazine that said exercising and eating fruits and vegetables can increase a person's energy levels. So Miranda began doing yoga daily and eating plenty of fruit. After only a short time, she rarely felt tired at her job anymore.

Question: What change did Miranda make?

> ミランダは，夜8時間の睡眠をとっていたにもかかわらず，仕事で疲れを感じることがよくあった。運動をして果物と野菜を食べると，体のエネルギー水準を高めることができると書かれている健康雑誌を彼女は読んだ。そこで，ミランダは毎日ヨガをして，たくさんの果物を食べ始めた。ほんのしばらくすると，彼女はもう仕事でめったに疲れを感じなくなった。
> **質問**：ミランダはどのように変わったか。
> **1** もっと長い睡眠時間を取り始めた。
> **2** もっと多くの雑誌を買い始めた。
> **3** 新しい仕事を始めた。
> **4** 定期的な運動を始めた。

選択肢から，女性が何かの生活習慣を始めたことについての英文ではないかと予測できる。正解がわかるのは，運動 (exercising) が健康に良いと書いてある雑誌を読んで，毎日ヨガを始めた (began doing yoga daily) と述べている箇所。なお，選択肢ではこの部分が，started doing regular exercise という表現になっている。

解答 4

No. 2

Just as there are days and nights on Earth, there are also days and nights on the moon. But each day and each night is two weeks long. During the two weeks of daytime the heat is so great that human beings cannot live. Astronauts working in the daytime on the moon will need cooling systems built into their clothes.

Question: How long is a day on the moon?

> ちょうど地球に昼と夜があるように，月にも昼と夜がある。しかし1回の昼と夜の長さはどちらも2週間である。昼が続く2週間，熱がとても高くなるので人間は生きていけない。月面で昼の間に作業をする宇宙飛行士は衣服に装備された冷却装置が必要となるだろう。
> **質問**：月での昼の長さはどのくらいか。
> **1** 6時間。
> **2** 12時間。
> **3** 1週間。
> **4** 2週間。

選択肢から時間の長さ (How long …?) について質問されることが推測できる。ここにポイントを絞って，放送文をしっかり聞き取ればよい。

解答 4

No. 3

Tatsuya applied to over a dozen large corporations in his last year in college. He was finally offered a position at Shindo Inc., one of Japan's largest companies. He was pleased to get such a job. However, he was also a little disappointed because it was in Sapporo. Tatsuya had really wanted to work in Tokyo. That's where all his family is.

Question: Why was Tatsuya disappointed about the job offer?

> タツヤは大学最終学年に 10 社以上の大企業に出願した。最終的に日本の最大手の企業の一つであるシンドー社に採用された。彼はそのような仕事に就けてうれしかった。しかしながら，会社が札幌にあることには少しがっかりもした。タツヤは本当は東京で働きたいと思っていた。そこには彼の家族全員がいるからだ。
>
> **質問：** なぜタツヤは採用の通知にがっかりしたのか。
> **1** 小さな会社だったから。
> **2** 彼はもっと高い給与を望んでいたから。
> **3** それは低い地位だったから。
> **4** 彼は家族の近くにいたかったから。

第 4 文に，「がっかりした理由は会社が札幌にあるから」とあるが，理由については続く第 5 文で説明している。

解 答 **4**

No. 4

Mrs. Kobayashi went shopping downtown. Though she hadn't noticed it, she had left one of her windows slightly open. When she returned home, she found that something seemed to be wrong with her bedroom. A burglar had broken into her house through the open window and stolen all of her jewelry and cash from her small safe box.

Question: What did the burglar steal from Mrs. Kobayashi?

> コバヤシさんは繁華街に買い物に行った。彼女は気付いていなかったが，自宅の窓の一つが少し開いたままだった。家に戻った時，彼女は寝室がどこかおかしいと思った。強盗が開いた窓から家に侵入して，彼女のすべての宝石類と現金を，小さな金庫から盗んでいったのだった。
>
> **質問：** 強盗はコバヤシさんから何を盗んだか。
> **1** 宝石類と現金。
> **2** 宝石類と小切手帳。
> **3** 指輪と預金通帳。
> **4** ブレスレットとダイヤモンドの指輪。

正解は最後の文からわかる。放送文中の cash を選択肢では money と言い換えている点に注意。

解 答 **1**

Answers

No. 5

Ken dropped in at a bookstore on his way home yesterday. He was really surprised to run into Junko there for the first time in three years. He hadn't had the opportunity to see her since graduating from college. He was in love with her in college and he had never told her that. Seeing her again brought back all his feelings for her.

Question: What did Junko mean to Ken?

> ケンは昨日，帰宅途中で書店に立ち寄った。彼は3年ぶりにそこで偶然ジュンコに出会って本当に驚いた。彼は大学を卒業して以来，彼女に会う機会はなかった。彼は大学時代に彼女が好きだったが，そのことを彼女に一度も言っていなかった。彼女と再会したことで，彼女に対する彼の気持ちがよみがえった。
>
> **質問**：ジュンコはケンにとって，どんな意味を持っていたか。
> **1** 彼女は彼のガールフレンドだった。
> **2** 彼女は本屋で彼の店長だった。
> **3** 彼は彼女を愛していた。
> **4** 彼は彼女を憎んでいた。

選択肢から，ポイントは彼（ケン）と，ある女性との関係であると推測できる。He was in love with her … の文をしっかり聞き取る。

解答 3

No. 6

When she was young, Susie used to think that social status, wealth and looks were the three most important things that she'd look for in a husband. But since she has grown up and is old enough to get married, she has changed her mind and has come to place health before everything, followed by personality.

Question: What does Susie now think is the most important thing to look for in a husband?

> スージーは若いころ，社会的な地位と富と容ぼうこそ夫に求める3つの重要な要素だと考えていた。しかし，成長して結婚するような年齢になると考えが変わり，健康が第一で，次に人柄だと思うようになった。
>
> **質問**：スージーは今，夫に求める最も重要なものは何であると考えているか。
> **1** 富。
> **2** 容ぼう。
> **3** 健康。
> **4** 人柄。

いずれの選択肢も放送文に含まれる語なので注意して放送文を聞き取ろう。このような問題では，何を問われているのかを混乱しないために，質問文の正確な聞き取りも特に重要である。

解答 3

No. 7

When Kayo was younger, she had always been slim. She stayed that way no matter what she ate — whether it was healthy dishes like sushi or fast food like pizza. Recently, however, she has started to gain weight. She thinks her face and legs are beginning to look a little fat. She has realized that she will have to be much more careful about what she eats from now on if she wants to be slim again.

Question: What do we learn about Kayo?

> カヨは若かったころは常に体型がスリムだった。彼女は，寿司のような健康的な食べ物であれ，ピザのようなファストフードであれ，どんな物を食べてもスリムのままだった。ところが，最近，体重が増え始めた。彼女は顔と脚が少し太り始めたと思っている。再びスリムになりたいなら，今後は食べ物にもっと気を付けなければならないということに気付いた。
>
> **質問：**カヨについて何がわかるか。
> **1** 彼女は現在の容姿に満足している。
> **2** 彼女は以前ほどスリムではない。
> **3** 彼女は主に健康的な食べ物を食べていた。
> **4** 彼女は寿司よりもピザが好きだ。

「逆接」の接続副詞 however 以降の聞き取りがポイントとなる。「若いころは何を食べてもスリムのままだった」→「ところが最近は太ってきた」という話の流れになっている。

解答 **2**

No. 8

Parents often give their children regular jobs around the house. These jobs often include dishwashing, vacuuming, taking out the trash, helping with the cooking, cleaning up, buying food and supplies. Sometimes the children even receive spending money for doing them. But the main purpose of such household chores is actually to help the children become more independent.

Question: What is the main purpose in parents' giving children household chores?

> 親はよく子どもに家のことで決まった手伝いをさせる。手伝いには，多くの場合，皿洗い，掃除機をかけること，ごみを出すこと，料理の手伝い，片付け，食材と生活必需品の買い物などがある。時には，子どもはそれをして小遣いをもらうことすらある。しかし，そのような家事をすることの主な目的は，実際には子どもの自立を促すことにある。
>
> **質問：**親が子どもに家事を手伝わせる主な目的は何か。
> **1** 子どもにいくらかの小遣いを与える。
> **2** 子どもに仕事の体験をさせる。
> **3** 子どもの自立を促す。
> **4** 子どもに自由時間があることを確認させる。

Answers

選択肢を見れば，子どもの教育に関する話であることは想像できる。最後の文の後半にある，… to help the children become more independent. を聞き取れるかどうかだが，これを選択肢では To develop the child's independence. と言い換えている。

解答 3

No. 9

The poor weather resulting from unusually high temperatures has had some very unfortunate effects on the community. The violent storm knocked a tree down on a car, killing a 64-year-old woman. It also injured another 28 people. In the end more than 2,000 houses were flooded and around 40 homes were damaged beyond repair.

Question: How many houses were destroyed in the storm?

> 異常な高温のために起きる悪天候は，その地域にひどく不幸な結果をもたらした。激しい嵐で自動車の上に木がなぎ倒され，64歳の女性が死亡した。また，そのほかにも28名が負傷した。最終的には2,000軒以上の家が浸水し，40軒前後の家が修復不可能なほどの損害を被った。
> **質問**：嵐で何軒の家が倒壊したか。
> **1** 64軒。
> **2** 28軒。
> **3** 2,000軒。
> **4** 40軒。

選択肢を見ると，質問は How many houses … ?「何軒の家か」であると推測できる。数字の聞き取りに集中することになるが，選択肢中の数字は，いずれも放送文中に出てくるものなので，内容を正確に聞き取らなければ答えられない。(放送文) were damaged beyond repair →(質問文) were destroyed の言い換えにも注意が必要だ。

解答 4

No. 10

Mr. White lived on the side of a valley. One winter, there was a very big flood in the valley. A lot of houses below his house were washed away, but Mr. White's house was high enough to escape from the flood. When the water disappeared and the other houses were standing there with no roofs and no walls and all covered with mud, his house was still quite all right.

Question: Why was Mr. White's house safe from the big flood?

> ホワイトさんは谷の中腹に住んでいた。ある冬，その谷は非常に大きな洪水に見舞われた。ホワイトさんの家より下にあった多くの家が流されたが，彼の家は高い所にあったので，洪水を免れた。水が引き，ほかの家が屋根や壁を失って泥だらけになった時も，彼の家は全く無傷のままであった。
> **質問**：ホワイトさんの家はなぜ大洪水から無事だったのか。
> **1** 強固な材質で覆われていたから。

2 高い所に建っていたから。
3 とても大きくて重かったから。
4 ほかの家より下にあったから。

正解は第3文後半からわかる。放送文中の Mr. White's house was high enough to escape from the flood. が選択肢では It was standing on a high place. と言い換えられている。

解答 **2**

レビューテスト

解答用紙は P. 231

1 次の **(1)** から **(15)** までの（　　　）に入れるのに最も適切なものを **1**，**2**，**3**，**4** の中から一つ選び，その番号を解答用紙の所定欄にマークしなさい。

(1) Professor Jackson is a good teacher because he is able to (　　　) mathematics to the students' everyday lives.

1 suppose　　　**2** vary　　　**3** enable　　　**4** relate

(2) After (　　　) Helen's job performance, her boss decided to give her a 20% pay raise.

1 evaluating　　**2** seeking　　　**3** reminding　　**4** imposing

(3) The university dean (　　　) the university by reorganizing its departments and providing more scholarships to students.

1 suited　　　**2** transformed　**3** cooperated　**4** gathered

(4) Mr. Carter is a well-known (　　　) in Hartwell. He is the wealthiest man in town, and is the chairman of many local charities.

1 document　　**2** factor　　　**3** formality　　**4** figure

(5) Although the two countries had a long history of (　　　), their leaders recently signed an economic cooperation agreement.

1 reward　　　**2** hostility　　**3** obstacle　　**4** opponent

(6) *A:* Isn't the whale a kind of fish?

　　B: Many people think so, but it is actually a (　　　) of mammal. It gives birth to live young and has warm blood.

1 proportion　　**2** minority　　**3** species　　　**4** habitat

84

(7)　*A:* So, how is my son doing at math? I know it's his weak point.

　　B: Well, Mrs. Jones, he's making (　　　) progress. He's getting a little better each month.

　　1 steady　　　**2** chilly　　　**3** absent　　　**4** harmful

(8)　Mr. Kumamoto's car got a flat tire, so he had to (　　　) the side of the road to change it.

　　1 keep up with　**2** pull over to　**3** take up with　**4** pass away on

(9)　Steven studies Italian (　　　) but not really frequently enough to become fluent.

　　1 sooner or later　**2** up to date　**3** now and then　**4** no longer

(10)　*A:* Do you think that movie, *Dream of the World*, will win an award?

　　B: Of course. It's (　　　) that film was the best of the year.

　　1 as clear as day　　　　　　**2** from time to time

　　3 around the corner　　　　　**4** out of shape

(11)　The growth of New York and London (　　　) largely because they are both on large rivers leading to the sea. This made them very convenient for trade.

　　1 held off　　　**2** kept up with　**3** caught up on　**4** came about

(12)　When Reiko first went to Australia three years ago, she had trouble understanding the accent, but she became used to it (　　　). Now, she has no problems.

　　1 on time　　　**2** in order　　　**3** by chance　　　**4** by degrees

(13)　Mika's heel came off her boot, so she took it to a shoe-repair shop to get it (　　　).

　　1 be fixed　　　**2** fixed　　　**3** fixing　　　**4** fix

85

(14) Since Julia is sending out two job applications every day, by April, she ( ) over 50 of them.

    1 submit   **2** has submitted

    3 submitting   **4** will have submitted

(15) The door to the electrical power room was clearly marked, ( ) entry only to special technicians.

    1 restricting   **2** restricted

    3 will restrict   **4** has been restricted

---

2 次の英文がそれぞれ完成した文章になるように，その文意にそって **(16)** から **(18)** までの **1** から **5** を並べ替えなさい。そして **2** 番目と **4** 番目にくる最も適切なものを一つずつ選び，その番号を解答用紙の所定欄にマークしなさい。ただし，( ) の中では文頭にくる語も小文字で示してあります。

(16) *A:* I've been trying to contact Brian on his desk phone, but he won't answer.

    B: ( ) that he might be out of the office? Try his cell phone.

    1 has   **2** it   **3** you

    4 occurred   **5** to

(17) *A:* We should form a project group to try and improve our marketing campaign.

    B: I know, but it's going to be ( ). We are so busy right now.

    1 into   **2** hard to   **3** practice

    4 idea   **5** put that

(18) Todd knew that, ( ), he would have been able to save money instead of relying on an allowance from his parents.

    1 worked   **2** he   **3** had

    4 the summer   **5** over

3 次の英文を読み，その文意にそって (19) から (22) までの（　）に入れるのに最も適切なものを 1，2，3，4 の中から一つ選び，その番号を解答用紙の所定欄にマークしなさい。

Arab Gift Giving

Arabs are well known for their courtesy and generosity, and the unique gift-giving tradition in Arab culture is very interesting. If you are a guest in an Arab home and (　19　) admiration for a possession, the owner of the house may offer it to you as a gift. This is an ancient custom that dates back to the earliest Arab civilizations.

These early societies, particularly those on the Arabian Peninsula and North Africa, (　20　) extensive natural resources. Some of these civilizations were nomadic, moving from place to place. In such situations, an arriving guest was assumed to be short on essentials, including food and water.

A generous host would develop a good social reputation, and could expect generous treatment in return later. In some cases, such treatment could mean the (　21　) between life and death for desert travelers. Indeed, Arab cultural history is full of stories of homes welcoming even those guests who had almost no possessions except the clothes they wore. The host who was helpful on such occasions could expect the same help one day, if needed.

However, it is a mistake to believe that Arabs give away all personal possessions to anyone who asks. Firstly, gift giving in Arab society is reciprocal, this means that a person who receives a gift is expected to return the favor at some point. This does not only (　22　) to gifts of great value, but also meals or even cups of coffee. It is a serious cultural mistake to continually receive gifts from an Arab without regularly giving gifts in return. This is an especially common mistake among Westerners visiting Arab homes. Unless you are prepared to enter into a reciprocal gift-giving relationship, it is usually best to decline an Arab gift of any significant value. Politely declining a valuable gift is quite appropriate within Arab culture, even if asked to accept it several times.

	1		2		3		4	
(19)	1	receive	2	express	3	hide	4	create
(20)	1	reduced	2	commenced	3	lacked	4	forced
(21)	1	support	2	difference	3	decline	4	reaction
(22)	1	apply	2	head	3	meet	4	contact

Sleep

All humans require sleep. Newly-born babies usually need about 20 hours sleep a day. As people get older, needs change. Although it depends on the individual, adults generally need a period of between 6 and 8 hours of sleep within any 24-hour period. This is what is known as the circadian cycle, more routinely known as the sleep cycle.

Sleep or sleepiness does not occur merely because we feel mentally tired. We are indeed biologically designed to sleep a certain amount of time. The human body has evolved to receive "sleep signals" based on daylight. As night approaches, the body's genes react by releasing more adenosine, the chemical that makes people feel sleepy.

When we go to bed, the adenosine takes us into the first major phase of the sleep cycle, NREM. In this stage, our organs and muscles remain in a relaxed, slowed state. Our brains also send out Delta waves, which in simple terms make our brains "empty." Deep into the sleep cycle, our bodies change over to the REM stage. There, muscles tighten, the heart beats faster, and the body may experience large changes in temperature. During this phase of sleep, our minds are unconscious, but our bodies are essentially awake. It is also in this stage that our brains switch to sending out Alpha waves, and we dream.

The circadian cycle remained the same for thousands of years. The invention of electricity in the 19th century changed that, however. Artificial light created factories, offices, and even farm fields where people could work around the clock. Electricity permits hundreds of millions of people around the world to work night shifts, creating far more economic output than the past. That has not been entirely good, though. Getting 8 hours of sleep during the daytime is not as healthy as getting it in the evening. That is because we cannot escape the effects of our natural sleep cycle—which is tuned to night. Research has shown that night workers suffer from lower productivity, higher accident and error rates, and sometimes even mood changes or mental problems.

(23) What is said about one aspect of the circadian cycle?

1 Humans need more hours of sleep as they get older.

2 Humans tend to feel sleepy all day.

3 Humans need a certain period of sleep everyday.

4 Humans can do without sleep for many days.

(24) According to the passage, adenosine

1 helps us react to a lack of daylight.

2 is released to help us go to sleep.

3 speeds up our reactions.

4 helps us wake up in the morning.

(25) What makes REM different from NREM sleep?

1 The brain sends out Delta waves during REM sleep.

2 The muscles and organs relax during REM sleep.

3 The dreams we have end during REM sleep.

4 The body becomes active during REM sleep.

(26) What is one thing we learn about night work?

1 It can lead to more mistakes.

2 It allows people less sleep time.

3 It has made people learn to be less efficient.

4 It stops us being affected by our natural sleep cycle.

(27) Which of the following statements is true?

1 The circadian cycle has evolved into the sleep cycle.

2 Humans are naturally made to sleep at a constant cycle.

3 Research shows NREM and REM sleep can be similar.

4 Humans are improving the quality of the work they do at night.

２級リスニングテストについて

1 このリスニングテストには，第１部と第２部があります。
★英文はすべて一度しか読まれません。
第１部：対話を聞き，その質問に対して最も適切なものを **1**，**2**，**3**，**4** の中から一つ選びなさい。
第２部：英文を聞き，その質問に対して最も適切なものを **1**，**2**，**3**，**4** の中から一つ選びなさい。

2 No. 10 のあと 10 秒すると試験終了の合図がありますので，筆記用具を置いてください。

第１部

No. 1　　**1** She is interested in operations.
　　　　　　2 She is excellent at sales.
　　　　　　3 She wants a new challenge.
　　　　　　4 She has no experience in her current job.

No. 2　　**1** To change the monthly report deadline.
　　　　　　2 To ask her about the boss's meeting.
　　　　　　3 To pass on the boss's request.
　　　　　　4 To get her new e-mail address.

No. 3　　**1** Stay out of the DVD store.
　　　　　　2 Avoid watching violent movies.
　　　　　　3 Go with her to the movie theater.
　　　　　　4 Try another DVD store.

No. 4　　**1** Trying to get his money back.
　　　　　　2 Setting up an Internet service.
　　　　　　3 Paying a cell-phone bill.
　　　　　　4 Choosing a new cell phone.

No. 5 **1** He will buy a new motorcycle.

2 He will find another parking space.

3 He will cover the damage costs.

4 He will register for a new license.

第2部

CD 30~35

No. 6 **1** She bought a rare rock music CD.

2 She discovered a new shopping mall.

3 She performed with her favorite band.

4 She saw a music band she likes play.

No. 7 **1** He visited a large New York stadium.

2 He traveled to many places in America.

3 He saw a player from his country perform well.

4 He caught the homerun ball.

No. 8 **1** Evacuate your home.

2 Seek shelter.

3 Stay indoors.

4 Stay by the windows.

No. 9 **1** Change her place of work.

2 Spend more time with colleagues.

3 Go to the office on weekends.

4 Relax a little more.

No. 10 **1** Performing in front of others.

2 Practicing her presentation with her teacher.

3 Studying hard at school.

4 Winning a presentation contest.

Answers

解 答 一 覧

筆 記

1

問題	(1)	(2)	(3)	(4)	(5)	(6)	(7)	(8)	(9)	(10)	(11)	(12)	(13)
解答	4	1	2	4	2	3	1	2	3	1	4	4	2

2

問題	(14)	(15)
解答	4	1

問題	(16)	(17)	(18)
解答	2-5	5-1	2-5

3

問題	(19)	(20)	(21)	(22)
解答	2	3	2	1

4

問題	(23)	(24)	(25)	(26)	(27)
解答	3	2	4	1	2

リスニング

第1部

問題	No. 1	No. 2	No. 3	No. 4	No. 5
解答	3	3	2	4	3

第2部

問題	No. 6	No. 7	No. 8	No. 9	No. 10
解答	4	3	1	4	1

筆記 1　問題 p.84 〜 86

(1) ジャクソン教授はよい教師だ。というのも，教授は数学を学生の日常生活と関連付けることができるからである。

relate *A* to *B*「*A* を *B* と関連付ける，結び付ける」。〈動詞＋ *A* ＋ to ＋ *B*〉の形であることを見抜こう。suppose「〜と思う，仮定する」，vary「〜を変える」，enable「〜を可能にする」　**解答** 4

(2) ヘレンの仕事ぶりを評価した後，上司は彼女に 20 パーセントの昇給を与えることにした。

意味のつながりを考えると，(After) evaluating (Helen's job performance)「(ヘレンの仕事ぶりを) 評価した (後で)」とするのが適切。この場合の job performance は「仕事の成績」「業績」といった意味。seek「〜を探し求める」，remind「〜に思い出させる」，impose「〜を課す」　**解答** 1

(3) 学部を再編し，学生により多くの奨学金を提供することで，学部長は大学を変えた。

transform「(形・構造) を変える」は〈trans「別の状態へ」＋ form「形づくる」〉という成り立ち。手段を表す by 以降の内容から正解を推定する。suit「〜に適している」，cooperate「協力する」，gather「〜を集める」　**解答** 2

(4) カーター氏はハートウェルではよく知られた人物である。彼は町で最も裕福な男であり，地元の数多くの慈善団体の会長である。

figure「(特に他人の目に映る)人物」。空所を修飾する直前の形容詞 well-known「有名な」との組み合わせがポイント。document「書類」，factor「要素」，formality「形式的であること，形式的行為」　　　　　解答 **4**

(5) 長年の敵対の歴史があったにもかかわらず，最近，両国の指導者は経済協力協定に調印した。

hostility「敵意，対立」。逆接の接続詞 Although に沿った内容になるように答えを選ぶ。reward「報酬」，obstacle「障害」，opponent「(競技・議論の)対抗者，相手」　　　　解答 **2**

(6) *A:* クジラは魚の仲間じゃないの？
　　B: そう思っている人は多いけれど，実際はほ乳類の一種なんだ。子どもを出産するし，温血動物なんです。

species「(生物分類の単位としての)種」は単複同形の名詞。mammal「ほ乳類」を知らなくても **B** の2番目の文から推測したい。give birth to ～「(子ども)を産む」，live はここでは「生きている」という意味の形容詞，young は「(動物の)子ども」の意味。proportion「割合」，minority「少数派」，habitat「生息地」　　解答 **3**

(7) *A:* それで，息子は数学ではどうなんでしょうか。あの子の苦手科目だということは知っていますが。
　　B: いや，ジョーンズさん，着実に進歩していますよ。毎月少しずつ良くなっていますから。

steady「着実な，規則的な，絶え間ない」。空所後の被修飾語の名詞 progress「進歩，上達」との組み合わせや，2番目の文の内容から判断する。chilly「ひんやりする」，absent「不在の」，harmful「有害な」　　　　解答 **1**

(8) クマモト氏の車がパンクしたので，彼は車を道路脇に寄せ，タイヤを交換しなければならなかった。

pull over (to)「(車が道の片側に)寄る」。get a flat tire で「(車が)パンクする」。　　　　　解答 **2**

(9) スティーブンは時々イタリア語を勉強するが，流ちょうになるにはあまり十分な頻度ではない。

now and then「時々」。but 以降の流れに合う表現を選ぶ。not … enough to *do*「～するほどに十分…ではない」のような構文に慣れよう。sooner or later「遅かれ早かれ」，up to date「最新式の」，no longer「もはや～ではない」　　　解答 **3**

Answers

(10)　*A:* 映画の『世界の夢』は賞をとると思いますか？

　　B: もちろん。あの映画が今年一番だったというのは明白ですよ。

(as) clear as day「明白な」。この場合は day は「昼間，日光」の意味。from time to time「時々」, around the corner「すぐ近くに」, out of shape「体調が悪くて」

解 答　1

(11)　ニューヨークとロンドンの発展が実現したのは，両都市とも海へと注ぐ大きな川に面していることが大きな理由であった。このことにより両都市とも交易の便が大変良かった。

〈come「来る」＋ about「近くに，存在して」〉→ come about「（事が）起こる，生じる，現れる」。hold off「始まらない，延期する」, keep up with「〜に遅れずについていく」, catch up on「〜の遅れを取り戻す」

解 答　4

(12)　レイコが 3 年前初めてオーストラリアに行ったとき，彼女はそこの訛りを聞き取るのに苦労したが，それにも次第に慣れた。今では何の困難もない。

by degrees「次第に，徐々に」。became used to (it)「（それ）に慣れた」という述部を修飾する副詞句を選ぶ問題なので，この部分の理解も重要である。on time「時間どおりに」, in order「整然と」, by chance「偶然に」

解 答　4

(13)　ミカは，自分のブーツのヒールが取れたので，修理してもらうために靴の修理店にブーツを持って行った。

get *OC* の *C* に入る動詞の形を問う問題。*O* に当たる it（ブーツ）と *C* に当たる空所の関係は「修理される」となるのが適切なので，fixed が正解。なお，get はこの用法のときは *C* に原形の動詞を取らないので be fixed や fix を選ばないように。

解 答　2

(14)　ジュリアは毎日 2 通の就職の応募書類を送っているので，4 月になるまでには，50 通以上送ることになる。

冒頭の Since は「〜なので」と理由を表す接続詞。この節が is sending と現在進行形となっており，これからもその動作が続くことが示唆されているので, by April「4 月までには」に続く時制は未来完了形が適切である。

解 答　4

(15)　電源室への扉には，立ち入りを専門技術者のみに制限すると，はっきり記されていた。

正解の restricting 以外の選択肢は接続詞なしでは前半の主節に接続できない。restricted は過去分詞ととったとしても意味がつながらない。

解 答　1

筆記 2　問題 p.86

(16)　　*A:* ブライアンのデスクの電話にかけ続けているんですが，出ないんですよ。
　　　B: 彼が事務所から外出しているということはありませんか。彼の携帯電話
　　　　　にかけてごらんなさい。

まず，空所を含む文は，文末にクエスチョンマークがあることから疑問文であることがわかる。次に，選択肢 2 と 3 が主語の候補であるが，空所は現在完了形で，選択肢 1 が has という形になっているので主語は it になると見抜こう。残りは occurred の後に to you と続ける。it occurs to (人) that 節「(人の心) に (that 節の内容が) 思い浮かぶ，ふと気付く」という構文。

▶正しい語順：<u>Has</u> <u>it</u> <u>occurred</u> <u>to</u> <u>you</u>　　　　　　　　　　　解 答 **2-5**
　　　　　　　　1　2　　4　　5　3

(17)　　*A:* わが社のマーケティング・キャンペーンを改善するためにプロジェクト
　　　　　グループを結成するべきです。
　　　B: わかっています。しかし，そのアイデアを実行に移すのは難しいでしょ
　　　　　う。私たちはちょうど今とても忙しいですから。

まず，空所前の be に続く語は何になるかが最初のポイントだが，選択肢 2 が hard to となっているので，これを補語とし，動詞の put を続けて不定詞として処理しよう。あとは put の作る構文を考える。put an [the / that] idea into practice「(その)考えを実行に移す」は覚えておきたい慣用表現。

▶正しい語順：<u>hard</u> <u>to</u> <u>put</u> <u>that</u> <u>idea</u> <u>into</u> <u>practice</u>　　　　解 答 **5-1**
　　　　　　　　2　　5　　4　　1　　3

(18)　　もし夏の間，ずっと働いていたとすれば，両親からの小遣いに頼る代わり
　　　　に貯金をすることができただろうということは，トッドにはわかっていた。

仮定法過去完了の条件節において，述部を倒置させることで if を省略することができる (if he had worked … → had he worked …)。仮定法過去完了であることは，空所後の he would have been … の形から判断する。

▶正しい語順：<u>had</u> <u>he</u> <u>worked</u> <u>over</u> <u>the</u> <u>summer</u>　　　　解 答 **2-5**
　　　　　　　　3　2　　1　　5　　4

筆記 3　　問題 p.87

アラブの贈答

　アラブ人は礼儀正しいことと気前がいいことでよく知られており，アラブ文化における独特な贈答の伝統は非常に興味深い。あなたがアラブ人の家庭に招かれて，彼らの所有物を称賛したとしたら，家の主人は贈り物としてあなたにそれを提供するかもしれない。これは最も初期のアラブ文明にまでさかのぼる，古来の習慣である。

　これらの初期の社会，特にアラビア半島と北アフリカにおいては，大規模な自然の恵みが欠けていた。これらの文明の人々の一部は，あちらからこちらへと移動する遊牧民だった。そのような状況では，到着する客は，食物や水を含む必需品の手持ちが少ないと想像されたのである。

　気前のいい主人は社会的信望を高め，後でお返しに，気前のいい待遇を期待することができた。場合によっては，そのような待遇は，砂漠の旅人にとっては生死の分かれ目になる可能性があった。実際アラブ文化の歴史は，着ている服以外はほとんど財産がない客ですら歓迎した家庭の物語であふれている。そのような場合に助けてくれた主人は，いつか，もし必要になれば同じ援助を期待することができた。

　しかし，アラブ人が，お願いする人には誰にでも，すべての個人的な持ち物をただで与えると考えるのは間違いである。第一に，アラブ社会における贈答は相互的なものであり，つまり，贈り物を受け取った人は，いつかその好意に報いることが期待されているというわけである。このことは大きな価値のある贈り物だけではなく，食事や1杯のコーヒーにさえも当てはまる。アラブ人から何度も贈り物を受け取り続けているのに，定期的に贈り物のお返しをしないということになると，これは深刻な文化的な過誤である。これは特に，アラブ人の家庭を訪問する欧米人の間によくある過ちである。相互的な贈答の関係を結ぶつもりがない限り，アラブ人からのいかなる大きな価値のある贈り物も，通常辞退することが最善である。たとえ何度かそれを受け取るよう頼まれたとしても，高価な贈り物を礼儀正しく辞退することは，アラブ文化の範囲内ではごく適切なことである。

(19) 空所に入る if 節の動詞を選ぶ設問。帰結を表す主節「家の持ち主が贈り物を提供するかもしれない」の部分に, 最も自然に意味がつながるようにするには, 空所を含む部分を「称賛の言葉を<u>表明し (express)</u> たら」とすればよい。receive「〜を受け取る」, hide「〜を隠す」, create「〜を創作する」

解 答 2

(20) 第２段落第２〜第３文の内容を考えると, 自然の恵みが「不足していた (lacked)」とするのが適切。贈答の習慣の背景に遊牧民の質素な生活があったことを示唆している。reduce「〜を減らす」, commence「〜を始める」, force「〜を強要する」

解 答 3

(21) difference between life and death で「生きるか死ぬかの問題, 生死を分ける差」という意味になる。空所後の between もヒントになる。support「支持」, decline「減退」, reaction「反応」

解 答 2

(22) not only 〜 but also ... の構文なので,「高価な贈り物」と「食事や１杯のコーヒー」の照応を成立させるような語句を選ばなければならない。文脈から apply to「〜に当てはまる」とするのが適切。head「向かう」, meet「会う」, contact「接触する」

解 答 1

睡眠

　すべての人間は，睡眠を必要とする。新生児は通常 1 日に約 20 時間の睡眠を必要とする。年を取るにつれて，必要な睡眠の量は変化する。個人差はあるものの，成人は一般的に 24 時間ごとに 6 時間〜 8 時間の睡眠を必要とする。これは 24 時間周期，より一般的には睡眠周期の名で知られている。

　睡眠や眠気は，単に精神的に疲れているから起こるのではない。実のところ，人は生物学上ある程度の時間眠るようにできているのである。人体は，日光に基づく「睡眠信号」を受けるように進化した。夜が近づくにつれ，人に眠気を感じさせる化学物質であるアデノシンをより多く分泌するよう，体の遺伝子が反応する。

　人が寝るとき，アデノシンは睡眠周期の最初の主要な段階であるノンレム睡眠へと人を導入する。この段階では，われわれの器官と筋肉は，弛緩した，ゆったりとした状態に維持される。脳もまたデルタ波を送る。簡単に言い換えると，頭の中が「空っぽ」になるということである。睡眠周期が進むと，体はレム睡眠へと移行する。この段階では，筋肉は締まり，心拍はより速くなり，そして体温は大きく変化しているだろう。この段階の睡眠では，心は無意識であるが，体は基本的に覚醒している。またこの段階では脳が送るのはアルファ波に変わり，人は夢を見る。

　24 時間周期は数千年の間，同じままであった。しかし 19 世紀の電気の発明が，それを変化させた。人工の光は，人々が 24 時間働くことができる工場や事務所，そして農場をさえも現出させた。電気は世界中で何億もの人々が夜勤を行うことを可能にし，これまでよりもはるかに大きな経済的な成果を生み出した。しかし，それは良いことばかりではなかった。昼間に 8 時間の睡眠をとることは，夜に眠ることほどには健康的ではない。それは人が夜型に調和した自然の睡眠周期の影響から，逃れることができないからである。夜勤の従業員は，より低い生産性，より高い事故率および過失率，時には気分の変調や精心的な障害で苦しむことさえもあることが，研究によって明らかになった。

(23)　24 時間周期について言われている一つの側面とは何か。
1 人間は年をとるにつれて，より多くの睡眠時間を必要とする。
2 人間は一日中眠たいと感じる傾向がある。
3 人間は毎日一定時間の睡眠を必要とする。
4 人間は何日もの間睡眠なしで済ませられる。

第 1 段落最後の文に This is what is known as the circadian cycle ... とあり，この This は前文，すなわち adults generally need a period of between 6 and 8 hours of sleep ... を受ける。between 6 and 8 hours は必要な睡眠時間を指している。

解答 **3**

(24) 文章によると，アデノシンは
　1 人が日光の不足に反応するのを助ける。
　2 人が眠りに入るのを助けるために分泌される。
　3 人の反応の速度を上げる。
　4 人が朝，目覚めるのを助ける。

第2段落最後の文中の … adenosine, の直後に，the chemical that makes … と adenosine が何であるかの説明がある。　　**解答** 2

(25) レム睡眠がノンレム睡眠と違う点は何か。
　1 レム睡眠の間，脳はデルタ波を送る。
　2 レム睡眠の間，筋肉と器官は弛緩する。
　3 レム睡眠の間，人が見ている夢が終わる。
　4 レム睡眠の間，体は活動的になる。

第3段落は前半がノンレム睡眠，後半がレム睡眠の説明になっている。特に第5～第6文の内容が，選択肢4の内容と一致する。　　**解答** 4

(26) 夜間勤務についてわかることの一つは何か。
　1 それはより多くの過失につながりかねない。
　2 それは人々が睡眠時間を減らすことを可能にする。
　3 それは人々に，より非効率的であることを学ばせている。
　4 それは人が自然の睡眠周期の影響を受けるのを阻止する。

第4段落は電気の発明により，自然な睡眠周期に逆らう労働習慣ができてしまったことについての説明になっている。最後の文で夜勤作業の具体的なデメリットが列挙されている。　　**解答** 1

(27) 以下の記述のうち正しいのはどれか。
　1 24時間周期は睡眠周期に進化した。
　2 人間は生まれながら一定の周期で眠るようにできている。
　3 ノンレム睡眠とレム睡眠が類似している可能性があることが，研究で明らかになっている。
　4 人間は，彼らが夜行う仕事の質を改善している。

第1段落で24時間周期について説明しており，この部分が選択肢2と一致する。　　**解答** 2

Answers

リスニング 第1部　問題 p.90 ～ 91　　CD 24~29

No. 1

★：Cindy, I heard you're transferring to the operations department. Is that true?
☆：Yes, I've worked in sales for a long time. I want to try another field.
★：Do you know anything about it?
☆：Not much, but I think I'm a pretty fast learner.
Question：Why is Cindy transferring to a different department?

> ★：シンディー，業務部に異動するって聞いたよ。本当なの？
> ☆：ええ，長い間販売部で働いてきたから。別の部署で試してみたいのよ。
> ★：業務部について何か知っている？
> ☆：いいえ，あまり。でも飲み込みはかなり早い方だと思うわ。
> 質問：なぜシンディーは違う部署に異動するのか。
> **1** 業務部に興味があるから。
> **2** 販売の分野で優秀だから。
> **3** 新しい挑戦をしたいから。
> **4** 現在の仕事の経験がないから。

女性の最初のせりふから選択肢 **3** が正解。（放送文）try another field →（選択肢）wants a new challenge という言い換えに注意しよう。

〔解答〕 **3**

No. 2

★：Hi, Michelle, this is Mickey. I've been calling you all day.
☆：Sorry, I was in a meeting. What can I do for you?
★：Yes, it's about the monthly business report you wrote. The boss wants some of it revised. I can e-mail you the parts she wants changed.
☆：Okay, please do that. Then I'll take a look at it.
Question：Why did Mickey call Michelle?

> ★：やあ，ミッシェル，ミッキーだよ。一日中電話してたんだけど。
> ☆：ごめんね，打ち合わせがあったのよ。どんな用件なの？
> ★：うん，君が書いた月次業務報告書についてなんだ。上司がいくつか修正をしてほしいって。彼女が修正をしてほしい部分を僕がメールで送れるよ。
> ☆：うんわかった。そうしてちょうだい。見てみるわ。
> 質問：なぜミッキーはミッシェルに電話したのか。
> **1** 月次報告書の締め切りを変更するため。
> **2** 上司の打ち合わせについて彼女に尋ねるため。
> **3** 上司の要求を伝えるため。
> **4** 彼女の新しい E メールアドレスを得るため。

選択肢から業務についての会話であることが予測できる。正解は男性の2番目のせりふからわかる。放送文では上司がミッシェルにしてもらいたいことが，具体的に述べられているが，選択肢では To pass on the boss's request. と簡潔な言い回しで言い換えられている。

解答 3

No. 3

★：Mom, can I rent this DVD?

☆：*Extreme Fighter*? That sounds violent, Ricky. Can't you see anything else you like? What about this one, *Happy Giant*?

★：I'm too old for that kind of movie, Mom. It'd bore me.

☆：Well, I think you're too young to see the movie you have in mind. Put it back and look for something else.

Question：What does Ricky's mother want him to do?

> ★：お母さん，このDVDを借りてもいい？
> ☆：『エクストリーム・ファイター』？　暴力的なタイトルね，リッキー。何かほかの好きなものを見たら？　これはどう，『ハッピー・ジャイアント』。
> ★：僕はそんな種類の映画を見るほど子どもじゃないよ，お母さん。つまんなそうだよ。
> ☆：そうねえ，あなたが思っている映画を見るにはまだ早いと思うわ。それを戻して何かほかの映画を探しなさい。
> 質問：リッキーの母親は彼にどうしてほしいのか。
> 1　DVD店に入らない。
> 2　暴力的な映画を見るのを避ける。
> 3　自分と一緒に映画館に行く。
> 4　別のDVD店を試してみる。

選択肢から映画についての会話であることが予測できる。正解は女性の最初のせりふからわかるが，仮にここを聞き逃しても女性の2番目のせりふからも正解を推測することは可能だろう。

解答 2

No. 4

★：I'm looking for a new cell phone. Something cheap and simple. What would you recommend?

☆：We have the X-200 Smart Phone. It's only $150, and also has an Internet function.

★：Don't you have anything cheaper? I just want to be able to make and receive calls.

☆：I see … then the X-150 is probably best for you.

Question：What is the man doing?

★：新しい携帯電話を探しています。安くてシンプルなものがいいのです。お
　すすめはありますか。

☆：X-200 スマート・フォンがございます。わずか 150 ドルでインターネット
　機能も付いております。

★：もっと安いのはありますか。ただ，発着信できればよいだけです。

☆：かしこまりました。それでしたら X-150 がおそらくぴったりです。

質問：男性は何をしているか。

1　お金を返金してもらおうとしている。

2　インターネットサービスの設定をしている。

3　携帯電話の料金を支払っている。

4　新しい携帯電話を選んでいる。

選択肢 3，4 から携帯電話についての会話ではないかと予測できる。女性の最初の発言以
降の情報は，結果的に解答するのに不要な情報だが，細かい情報もきちんと聞き取り，
どんな質問にも対応できるようにしておこう。

解答 4

No. 5

☆：Excuse me, do you own this white sports car?

★：I do. Why?

☆：Well, you just bumped into my motorcycle when you parked. It has a long
　scratch on the side now.

★：Oh, I'm sorry. Please give me your name and license number. I'll arrange to
　pay for any damage.

Question : What did the man say?

　☆：すみません，この白いスポーツカーはあなたのものですか。

　★：そうです。どうしてですか。

　☆：ええと，あなたが駐車する時に私のバイクにぶつけたんです。今は側面に
　　長い擦り傷が付いています。

　★：うわ，ごめんなさい。お名前と運転免許番号を教えてください。僕が損害
　　のお支払いをします。

質問：男性は何と言ったか。

1　新しいオートバイを買う。

2　別の駐車場を見つける。

3　損害費用を負担する。

4　新しい免許証を申請する。

選択肢から乗り物に関するやりとりをしているのではないかと予測できる。選択肢 3 が
男性の 2 番目のせりふと一致する。（放送文）arrange to pay for any damage →（選択肢）
cover the damage costs の言い換えに注意しよう。

解答 3

リスニング 第2部　問題 p.91　🔘 CD 30~35

No. 6

Connie usually shops at a mall near her house. The other day while she was there, she heard a special announcement: a music band would be performing in an outdoor area just outside. Connie was curious, so she went to the concert area. To her surprise, it was her favorite band, *Rock Boys*. The trip to the mall became a very special day for her.

Question : Why did Connie have a special day?

> コニーはたいてい，家の近くのショッピングセンターにある店で買い物をする。先日，彼女がそこにいた時，お知らせのアナウンスを聞いた。あるバンドがショッピングセンターを出てすぐの屋外で演奏を行うというのだ。コニーは好奇心に駆られてコンサートの場所へ行った。驚いたことに，それは彼女のお気に入りのバンド「ロックボーイズ」だった。ショッピングセンターへ行ったことで彼女にとって，とても特別な一日になった。
>
> **質問**：なぜコニーは特別な一日を過ごしたのか。
> 1 希少なロックミュージックの CD を買ったから。
> 2 新しいショッピングセンターを発見したから。
> 3 お気に入りのバンドと一緒に演奏したから。
> 4 好きな音楽バンドが演奏するのを見たから。

選択肢中の rock music CD，favorite band，music band などから音楽についての内容ではないかと予測できる。正解は第2～第4文の内容からわかる。

解答 4

No. 7

Akihiro loves baseball. During his vacation in America, he made sure to see one professional game at a large baseball stadium in New York. When the players were announced, he heard that three of the starting players were Japanese. Later during the game, one of the Japanese players hit a homerun. He felt very happy when this happened and cheered with everyone else in the stadium.

Question : What made Akihiro feel especially happy?

> アキヒロは野球が大好きである。アメリカで休暇を過ごしている間，ニューヨークにある大きな野球場でプロ野球の試合を見逃すことなく観戦した。選手名がアナウンスされると，先発選手の3人が日本人であることが聞こえた。試合の後半に，日本人選手の一人がホームランを打った。彼はその時とてもうれしくなり，球場のほかの客たちと一緒に歓声を上げた。
>
> **質問**：アキヒロを特に幸せな気分にさせたのは何か。
> 1 大きなニューヨークの球場を訪れた。
> 2 アメリカで多くの場所を訪れた。

3 自分の国の出身選手が活躍するのを見た。
4 ホームランボールを捕った。

選択肢から野球についての内容であることが予測できる。正解は最後の2文からわかる。（放送文）one of the Japanese players hit a homerun → （選択肢）a player from his country perform well という言い換えに注意しよう。

解答 3

No. 8

Attention. There is a flood warning for Hamilton and Covington counties. If you live in these low-lying areas, evacuate your homes immediately. There is also a heavy-rain warning for Western Hills and North Gate counties. If you live in these highland areas, please stay indoors, close all windows and keep away from them, as sudden gusts of wind may break them.

Question : What should you do, if you are in Hamilton county?

> お知らせします。ハミルトンとコビントンの両郡に洪水警報が出ています。これらの低地に住んでいらっしゃる方は，家からすぐに避難してください。また，ウエスタンヒルズとノースゲートの両郡に大雨警報が出ています。これらの高地に住んでいらっしゃる方は，突風で窓が割れる可能性がありますので，外出せずに窓を全部閉めて，窓から離れてください。
> 質問：もしあなたがハミルトン郡にいる場合は，どうしたらよいか。
> **1** 家から避難する。
> **2** 避難場所を探す。
> **3** 家の中にいる。
> **4** 窓のそばにいる。

洪水警報が出ているハミルトンとコビントンの両郡と，大雨警報が出ているウエスタンヒルズとノースゲートの両郡の警報内容をきちんと聞き分けよう。ハミルトン郡に住んでいる人の取るべき行動は，第3文にある。

解答 1

No. 9

Tina was always so busy because of her work. She sometimes even went to her office on Saturdays and Sundays. At one point, though, she became very tired. She decided to work no more than five days a week. By taking a rest the other two days, Tina had a chance to relax and spend more time with her friends and family.

Question : What did Tina decide to do?

> ティナはいつも仕事のせいでとても忙しかった。彼女は時々，土曜日や日曜日でさえ会社に行くことがあった。だが，ある時点で，彼女はとても疲れてしまった。彼女は1週間に5日だけ働くことを決めた。残りの2日は休息を取るこ

とで，ティナはのんびりと友人や家族ともっと多くの時間を過ごす機会を得た。
質問：ティナがしようと決めたことは何か。
1 仕事場を変えること。
2 同僚ともっと多くの時間を過ごすこと。
3 週末に会社に行くこと。
4 もう少しのんびりすること。

選択肢から仕事についての内容であることが予測できる。最後の2文から，選択肢4が正解とわかる。

解答 4

No. 10

Junko wanted to improve her English presentation skills. She started by practicing short presentations in front of her classmates. After a while, she became more confident speaking publicly in English. When an English presentation contest was announced at the school, she didn't hesitate to enter it.
Question: What made Junko confident?

ジュンコは英語のプレゼンテーション技術を向上させたいと思っていた。彼女はクラスメートの前で短いプレゼンテーションの練習をすることから始めた。しばらくして，彼女は英語で人前で話すことにもっと自信を持つようになった。英語プレゼンテーション・コンテストが学校で告知されると，彼女はためらうことなく出場登録をした。
質問：何がジュンコに自信を持たせるようになったのか。
1 人前で実演すること。
2 彼女の先生とプレゼンテーションの練習をすること。
3 学校で一生懸命に勉強すること。
4 プレゼンテーション・コンテストで優勝すること。

選択肢から放送文は生徒のプレゼンテーションについて述べるのではないかと予測できる。正解は第2～第3文からわかる。(放送文) speaking publicly →(選択肢) Performing in front of others. という言い換えにも注意しよう。

解答 1

105

自己診断チャート

Term 2 に進む前に，レビューテストを解いてみて，Term 1 で学習した内容が身についたかどうか，この「自己診断チャート」で確認しましょう。

■「自己診断チャート」の使い方

筆記の1〜4，リスニングの第1部と第2部のそれぞれの点数をチェックして，下のチャートを塗り，一番左の欄にそれぞれの点を記入しましょう。チャート内の合格ラインと比べて特に足りないところがあったら，次ページの「問題別アドバイス」を参考にしてください。配点はすべて各1点です。
（※レビューテストの筆記1は，全15問のうち(1)〜(7)が「単語」，(8)〜(12)が「熟語」，(13)〜(15)が「文法」となっています）

							合格		満点
筆記	1（単語）	（ ）／7点	1点	2点	3点	4点	5点	6点	7点
	1（熟語）	（ ）／5点	1点		2点		3点	4点	5点
	1（文法）	（ ）／3点	1点			2点			3点
	2	（ ）／3点	1点			2点			3点
	3	（ ）／4点	1点		2点		3点		4点
	4	（ ）／5点	1点	2点	3点		4点		5点
リスニング	第1部	（ ）／5点	1点	2点	3点		4点		5点
	第2部	（ ）／5点	1点	2点	3点		4点		5点

合　計　（　　）／37点

問題別アドバイス

		アドバイス		ここで学習しよう！
筆記	1（単語）	わからない単語を一つ一つ確実に覚え，よく問われる問題のパターンを覚えましょう。またその際，単語の意味以外に，語法（その語特有の使われ方など）にも注意しましょう。単熟語集などを利用するのも効果的です。		復習 ▶第1日，第2日 応用 ▶第11日，第12日
	1（熟語）	最も出題頻度の高い句動詞を中心に学習しましょう。出題頻度はあまり高くありませんが，副詞・前置詞の働きをする熟語，形容詞を中心とする熟語も押さえておきましょう。第13日では重要な熟語を紹介しています。		復習 ▶第3日 応用 ▶第13日
	1（文法）	最も出題頻度の高い動詞の形を問う問題を，文法的な根拠をもとに解けるようにしましょう。自信がない文法は，文法書で学習し直すのもよいでしょう。第14日では仮定法などの文法項目を扱っています。		復習 ▶第4日 応用 ▶第14日
	2	文脈や文法などを根拠に，かっこの中に入る語句を正しく並べ替えられるようにしましょう。文法や文脈以外にも，構文から正しい語順を導く問題も頻出です。構文を問う問題については第15日で扱っています。		復習 ▶第5日 応用 ▶第15日
	3	文章を効率的に読んで正解にたどりつく手順を実践できるようにしましょう。問題を解き終わったら文章をじっくり読んで読解力をつけましょう。第16日では空所に入る語を考える際のポイントを紹介しています。		復習 ▶第6日 応用 ▶第16日
	4	第7日で紹介している手順とコツを活かして問題を解けるようにしましょう。解けなかった問題は英文をじっくり読んでもう一度考えてみましょう。第17日ではより早く正確に解答するためのポイントを紹介しています。		復習 ▶第7日 応用 ▶第17日
リスニング	第1部	選択肢に目を通す→放送文を聞く→解答する→次の問題の選択肢に目を通す…というパターンに慣れましょう。第18日では，正解率を高めるために注意すべき言い換えとよく出る会話表現を扱っています。		復習 ▶第8日 応用 ▶第18日
	第2部	リスニング第2部でも，第1部同様のパターンを身につけましょう。また，リスニング力に不安がある方は，第19日の重要な発音のパターンをチェックし，聞き取れなかった放送文を何度も聞いて慣れるようにしましょう。		復習 ▶第9日 応用 ▶第19日

Term

2

応用編にあたる後半10日間では，発展的な内容や前半のTerm 1では扱い切れなかった内容を収録しています。1日ずつ確実にこなし，さらなる実力アップを目指しましょう。最後の第20日「実力完成模擬テスト」で総仕上げができます。

筆記1

短文の語句空所補充⑤単語

今日の目標
頻出単語をポイント別にチェックしよう！

接頭辞・接尾辞など，英単語の「パーツ」の意味を覚えることで，単語の習得が容易になる。逆に，共通の「パーツ」を持つ似た形の語を選択肢に並べて惑わせるのも，語句空所補充問題ではよくある出題パターンだ。

POINT 1 語の一部が共通する語に注意！

以下は語の一部が同じで，混乱を誘うパターンとしてよく出題される動詞である。それぞれの「パーツ」の意味を覚えておけば，単語が覚えやすくなり，知らない単語も文脈からある程度推測できることがある。

■接頭辞が共通する語

・ex-：～から，～から外へ

expose	「さらす」	**expel**	「追い出す」	**explode**	「爆発する」
expand	「拡大する」	**exhibit**	「展示する」	**exist**	「存在する」

・over-：越えて，渡って，あちらこちらに

overcome	「克服する」	**overlook**	「見落とす」	**overtake**	「追いつく」

・per-：～を通して，完全に

persist	「固執する」	**persuade**	「説得する」	**permit**	「許可する」

・pro-：前の，前へ

promise	「約束する」	**promote**	「促進する」	**provide**	「供給する」

・re-：反対に，後ろに，再び，離れて

reveal	「明らかにする」	**revise**	「訂正する」	**reverse**	「逆にする」

・trans-：越えて，横切って

transport	「輸送する」	**transform**	「変換する」	**transmit**	「伝える」

■そのほかの部分が共通する語

・**substitute**	「取り換える」	**constitute**	「構成する」	**institute**	「制定する」
・**evolve**	「進化する」	**involve**	「含む」	**revolve**	「回転する」
・**inform**	「知らせる」	**perform**	「遂行する」	**reform**	「改良する」
・**select**	「選択する」	**elect**	「選出する」	**collect**	「集める」
・**acquire**	「獲得する」	**require**	「要求する」	**inquire**	「尋ねる」

POINT **2** 紛らわしい語に注意!

以下は，それぞれ発音，スペリング，意味が似ていて紛らわしい語である。

adapt	「適応させる」	/	adopt	「採用する」
affect	「影響する」	/	effect	「結果」
credible	「信頼できる」	/	credulous	「だまされやすい」
famous	「有名な」	/	infamous	「悪名高い」
flesh	「肉」	/	fresh	「新鮮な」
historic	「歴史的に有名な」	/	historical	「歴史の」
industrious	「勤勉な」	/	industrial	「工業の，産業の」
jealous	「しっと深い」	/	zealous	「熱心な」
loyal	「忠実な」	/	royal	「王室の」
respectable	「尊敬に値する」	/	respective	「それぞれの」
shade	「陰（光の当たらない部分）」	/	shadow	「影（あるものの影）」
vanish	「消失する」	/	banish	「追放する」

POINT **3** 意味の対立する語

反意語はまとめて覚えよう。1 つの設問の選択肢に同時に出題される場合もある。

abstract	「抽象的な」	⇔	concrete	「具体的な」
analysis	「分析」	⇔	synthesis	「総合」
ancestor	「祖先」	⇔	descendant	「子孫」
ascend	「上がる，登る」	⇔	descend	「降りる，下る」
attack	「攻撃する」	⇔	defend	「防御する」
guilty	「有罪の」	⇔	innocent	「無実の」
horizontal	「水平の」	⇔	vertical	「垂直な」
increase	「増やす」	⇔	decrease	「減らす」
liquid	「液体」	⇔	solid	「固体」
negative	「消極的な，否定の」	⇔	positive	「積極的な，肯定の」
optimism	「楽観主義」	⇔	pessimism	「悲観主義」
permanent	「永久の」	⇔	temporary	「一時的な」
physical	「肉体の」	⇔	mental	「精神の」
predecessor	「前任者」	⇔	successor	「後継者」
quality	「質」	⇔	quantity	「量」
rural	「田舎の」	⇔	urban	「都会の」
vice	「悪徳」	⇔	virtue	「美徳」

次の **(1)** から **(14)** までの（　　　　）に入れるのに最も適切なものを **1, 2, 3, 4** の中から一つ選びなさい。

(1) Smoking is (　　　) in many university classrooms in the U.S.
　　1 provided　　**2** prescribed　　**3** prohibited　　**4** preserved

(2) *A:* Please recommend some (　　　) for the job.
　　B: I can confidently recommend Mr. Tanaka.
　　1 inhabitants　　**2** descendants　　**3** applicants　　**4** infants

(3) *A:* He acted against his conscience.
　　B: I guess he had no (　　　).
　　1 representative　　**2** initiative　　**3** relative　　**4** alternative

(4) *A:* How can you have time to (　　　) when you're so busy?
　　B: I share my work load with other team members.
　　1 omit　　**2** exclude　　**3** control　　**4** spare

(5) They weren't able to obtain sufficient (　　　) for the damage.
　　1 budget　　**2** pension　　**3** compensation　　**4** competition

(6) He (　　　) the sign of one way traffic and received a warning from a police officer.
　　1 overlooked　　**2** overtook　　**3** overturned　　**4** noticed

(7) After the earthquake, there was (　　　) any water or food left in the town.
　　1 scarcely　　**2** nearly　　**3** narrowly　　**4** mostly

Answers

解答と解説 Term **2**

(1) アメリカの多くの大学では，教室内の喫煙は禁止されている。

prohibited が正解。prohibit は「禁止する」という意味。provide「供給する」，prescribe「規定する，処方する」，preserve「保存する」　**解答 3**

(2) *A:* この仕事に候補者を何人か推薦してください。
B: 自信をもって田中君を推薦できます。

applicants が正解。applicant は「応募者，志願者」という意味。inhabitant「(家・場所などの)居住者」，descendant「子孫」，infant「幼児」　**解答 3**

(3) *A:* 彼は良心に逆らって行動したんだ。
B: それしか仕方がなかったのだと思います。

alternative「別の方法，二者択一」が正解。representative「代理人，代表(者)」，initiative「主導権，イニシアチブ」，relative「親せき」　**解答 4**

(4) *A:* そんなに忙しいとき，どうやって時間を見つけられるの？
B: 仕事の量をほかのチームのメンバーと分け合うんだよ。

spare「(時間・金など)を割く」が正解。time to spare で「自由に使える時間」という意味。omit「省略する」，exclude「締め出す」，control「支配する，管理する」

解答 4

(5) 彼らはその損害に対して，十分な補償を得られなかった。

compensation「補償(金)」が正解。budget「予算，経費」，pension「年金，恩給」，competition「競争」　**解答 3**

(6) 彼は一方通行の標識を見落として，警察官に注意された。

overlooked が正解。overlook は「見落とす，見逃す」という意味。overtake「追い抜く，追い越す」，overturn「ひっくり返す，打倒する」，notice「注目する，気付く」

解答 1

(7) 地震の後で，その町には水も食糧もほとんど残っていなかった。

scarcely は準否定語として，ここでは「ほとんど〜ない」の意味を表す。選択肢にはないが，hardly もほぼ同じ意味で使える。nearly「ほとんど，もう少しで」，narrowly「かろうじて，やっと」，mostly「主として，大部分は」　**解答 1**

(8)   *A:* Shall we go up to the top of the hill?

      B: Yes, let's. We can get a good (   ) of the city.

      1 scenery   **2** situation   **3** scope   **4** view

(9)   The new process has (   ) the need for checking the products by hand.

      1 enrolled   **2** engaged   **3** eliminated   **4** enlightened

(10)   It is (   ) for a driver to wear a seat belt in Japan.

      1 compulsory   **2** conscious   **3** convulsive   **4** instinctive

(11)   The weight of the snow on the roof caused the house to (   ).

      1 bankrupt   **2** collapse   **3** decay   **4** collide

(12)   The employee was (   ) by his boss to finish the work on time.

      1 regretted   **2** retarded   **3** resigned   **4** required

(13)   *A:* We had a long (   ) about it.

      B: And what conclusion did you come to?

      1 instrument   **2** argument   **3** appointment   **4** armament

(14)   The photographer took a picture at the (   ) moment when the rocket exploded.

      1 concise   **2** precise   **3** vague   **4** active

(8) *A:* 丘の頂上まで登りましょうか。

B: そうしよう。街のすてきな景色が見られるよ。

空所の前には不定冠詞の a が付いていることに注意。可算名詞の view「眺め，見晴らし」が，文法的にも意味的にも当てはまる。scenery「（ある地方全体の）風景」，scope「範囲，視野」は不加算名詞。situation「形勢，状況」は可算名詞だが，意味的に不適切。　**解答 4**

(9) 新しい工程のおかげで，手作業によって製品を検査する必要がなくなった。

eliminated が正解。eliminate は「除去［削除］する」の意味。enroll「入会させる」，engage「従事させる」，enlighten「（人）を啓蒙する」　**解答 3**

(10) 日本では，車の運転者がシートベルトを着用することは義務である。

compulsory「義務的な，強制的な」（⇔ voluntary「自発的な」）。conscious「意識している」，convulsive「発作的な」，instinctive「本能的な，直感的な」　**解答 1**

(11) 屋根の上の雪の重みで，その家は倒壊した。

collapse「（建物などが）崩壊する」が正解。bankrupt「（人・会社など）を破産させる」，decay「腐る」，collide「衝突する」　**解答 2**

(12) 従業員は上司に時間どおりに仕事を終えるように求められた。

be required to *do* で「～するよう要求される」の意味。regret「（すでに起こったこと・過ちなど）を後悔する」，retard「遅らせる，妨げる」，resign「辞職する，辞任する」　**解答 4**

(13) *A:* 私たちはそのことについて長時間議論したのよ。

B: それで，どういう結論になったの？

argument「議論, 論拠」が正解。instrument「（精密な）器械, 道具」，appointment「（日時・場所を決めて会う）約束」，armament「軍備，武装」　**解答 2**

(14) その写真家はロケットが爆発したまさにその瞬間をとらえた。

precise「まさにその，正確な」が正解。concise「簡潔な，簡明な」，vague「（言葉・意味・考えなどが）漠然とした，あいまいな」，active「積極的な，能動的な」（⇔ passive）　**解答 2**

筆記 1

短文の語句空所補充⑥語法

今日の目標
語法が要注意の単語をチェックしよう！

第2日で「語法」の重要性を解説したが，ここでは「基本語の隠れた意味」と「動詞が作る構文」の中でも重要性が高いものをリストアップした。「隠れた意味」では意外な意味とともにその品詞を，「構文」ではいくつかの動詞に共通のパターンを，それぞれ押さえておこう。

POINT 1 基本語の隠れた意味に注意

「隠れた」と言っても，どれも使用頻度の高い意味である。しっかり覚えておこう。

■ 動詞
・I was **addressed** by him. （私は彼に**話し掛けられた**）
・That dress **becomes** her. （あの服は彼女に**似合う**）
・It's patience that **counts**. （忍耐力こそ**重要である**）
・The meeting **lasted** until 7. （打ち合わせは7時まで**続いた**）
・It doesn't **matter** at all. （それは全然**重要ではない**）
・I was **moved** by his words. （私は彼の言葉に**感動した**）
・He **runs** a company. （彼は会社を**経営している**）
・I can't **stand** the noise. （私はその騒音を**我慢する**ことができない）
・I cannot **tell** Bob from his brother. （私はボブと彼のお兄さんを**見分けられない**）

■ 名詞
・She always puts on **airs**. （彼女はいつも**気取っている**）
・I have to pay a **fine**. （私は**罰金**を払わなければならない）
・This is the **fruit** of his study. （これは彼の研究の**成果**である）
・There's no **room** for doubt. （疑問の**余地**はない）
・John is a man of his **word**. （ジョンは**約束**を守る男である）

■ 形容詞
・He is wearing a **loud** necktie. （彼は**派手な**ネクタイをしている）
・I had a **novel** experience. （私は**新奇な**体験をした）

POINT **2** 動詞に関連する構文に注意

動詞を学習するときは，その使い方をチェックする習慣をつけよう。

■ 動詞＋目的語＋前置詞

・She **accused** him **of** stealing her car. （彼女は自動車を盗んだ罪で彼を**告訴した**）

・They **charged** me **for** the broken window. （彼らは私に窓の破損料を**請求した**）

・He tried to **cure** his child **of** the habit. （彼は子どもの癖を**直そうとした**）

・I **owe** everything **to** you. （すべてあなたの**おかげです**）

・They tried to **prevent** the gossip **from** spreading.
（彼らはうわさが広がるのを**防ごう**と努めた）

・The photo **reminded** me **of** my happy childhood.
（その写真は私に楽しかった子どものころを**思い出させた**）

・A burglar **robbed** me **of** my wallet. （強盗が私から財布を**奪った**）

■ 動詞＋目的語＋ to 不定詞

・Jason's help will **enable** us **to do** the job sooner.
（ジェーソンが手伝ってくれれば，私たちはもっと早く仕事を済ませられるだろう）

・She **persuaded** her husband **to attend** the meeting.
（彼女は夫を**説得して**会合に参加させた）
（※ほかに want, ask, expect, tell, order, invite, get などが同様の構文を作る）

■ 動名詞を使った構文

・I don't **mind your smoking**. （たばこを吸っても**構いません**）

・Boston is a city **worth visiting**. （= It is **worth visiting** Boston.）
（ボストンは訪れる**価値のある**町である）

・I **remember watering** the flowers. （私は花に水をやったのを**覚えている**）
cf. She **remembered to water** the flowers. （彼女は**忘れずに**花に水をやった）
（※ほかに forget *-ing*「〜したことを忘れる」, forget to *do*「〜するのを忘れる」が同様の構文を作るので使い分けに注意しよう）

■ 動詞＋ that 節 … (should) *do*

・He **demanded** (of me) that I (should) **produce** my student's ID card.
（彼は私に学生証を提示するよう**要求した**）

・I **suggested** (to him) that he (should) **take** a rest. （彼に休息してはどうかと言った）
（※ほかに recommend, request, insist などが同様の構文を作る）

Practice

次の **(1)** から **(14)** までの（　　　　）に入れるのに最も適切なものを **1, 2, 3, 4** の中から一つ選びなさい。

(1) *A:* Would you (　　　　) giving me a little help?

B: Can I finish this job first?

1 offer　　　　2 stop　　　　3 mind　　　　4 say

(2) We don't have to go to the baseball stadium. Television (　　　) us to watch baseball games at home.

1 asks　　　　2 enables　　　　3 provides　　　　4 makes

(3) *A:* Japanese people live in relatively smaller houses.

B: That's because we have little land but a (　　　) population.

1 many　　　　2 large　　　　3 lot of　　　　4 much

(4) It was reported that as much as 80% of the world's illnesses could be (　　　) to unclean water.

1 attained　　　　2 distributed　　　　3 attached　　　　4 attributed

(5) The Japanese tea ceremony can be very elaborate and could (　　　) for hours.

1 end　　　　2 head　　　　3 wait　　　　4 last

(6) The two brothers are so much alike that we can't (　　　) one from the other.

1 know　　　　2 carry　　　　3 tell　　　　4 divide

(7) Everyone in the class likes Mike because he never puts on (　　　).

1 airs　　　　2 problems　　　　3 fights　　　　4 arguments

(1)   *A:* ちょっと手伝ってくれませんか。
      B: この仕事を先に終えてからでいいですか。

Would you mind *doing* ? で「〜していただけませんか」の意味になる。   **解答** 3

(2)   私たちは野球場に行かなくてよい。テレビがあるから，私たちは家で野球の試合を見ることができる。

enable *A*（人）to *do* の形で「（人）に〜できるようにする，（人）に〜する機会を与える」の意味。   **解答** 2

(3)   *A:* 日本人は割と小さい家に住んでいるわね。
      B: 土地が狭くて人口が多いからね。

「多い人口」は a large population と表し，many 〜 s / much 〜 は誤り。反対に「少ない人口」は a small population と表し，a few 〜 s は誤り。   **解答** 2

(4)   世界の 80 パーセントもの疾病が不潔な水に起因する可能性があると報告された。

attribute … to 〜「（功績・原因など）を〜のせいにする，〜に帰する」の受動態を考える。as much as は「〜ほども」という意味で量が多いことを示す。attain「成し遂げる」，distribute「分配する」，attach「取り付ける」   **解答** 4

(5)   日本の茶会はとても手の込んだもので，何時間も続くことがある。

ここでの last は動詞で「（時間的に）続く」の意味。動詞の last にはほかに「持ちこたえる，長持ちする」の意味もあるので注意。   **解答** 4

(6)   その 2 人の兄弟はとてもよく似ているので，私たちは区別がつかない。

tell *A* from *B* (= distinguish *A* from *B*) で「*A* を *B* と区別する，見分ける」の意味。divide *A* into *B*「*A* を *B* に分ける」   **解答** 3

(7)   そのクラスのみんながマイクを好きなのは，彼が全く気取ったところがないからである。

put on airs で「気取る」の意味。そのほかの選択肢では意味が成り立たない。   **解答** 1

(8)   *A:* We've met before, haven't we?

  B: Yes, I remember (   ) you once before.

  1 meet   **2** meeting   **3** to meet   **4** have met

(9)   *A:* I didn't know you were still single.

  B: The carefree single life (   ) with me.

  1 suits   **2** becomes   **3** meets   **4** agrees

(10)   I think it is (   ) doing even though you may fail.

  1 precious   **2** appreciative   **3** worth   **4** excellent

(11)   The vote was six for, four (   ), the new proposal.

  1 however   **2** opposite   **3** against   **4** contrary

(12)   Ms. Jackson (   ) her driver for the crash but I think it was her fault because she made him hurry on the icy road.

  1 accused   **2** blamed   **3** suspected   **4** took

(13)   *A:* I think that the quality of a product (   ) more than the design.

  B: So you recommend this one.

  1 appreciates   **2** excels   **3** overcomes   **4** matters

(14)   *A:* Which road do you think we should take to get to the Metropolitan Zoo?

  B: I (   ) you take a bus from the subway station. It is a very popular place and you often have hard time finding a parking space.

  1 encourage   **2** recommend   **3** describe   **4** appeal

(8)　*A:* 以前お会いしましたね。
　　　B: ええ，一度お会いした記憶があります。

remember は目的語に動名詞と to 不定詞の両方を取ることができるが，それぞれの意味の違いに注意。remember *doing* は「（過去のことに対して）〜したことを覚えている」，remember to *do* は「（これからのことに対して）忘れずに〜する」となる。

解答 2

(9)　*A:* まだ独身だとは知らなかったわ。
　　　B: 一人住まいの気楽な生活が性に合っているんだよ。

agree with は「（人）に賛成する」という意味のほかに，「（食物・気候などが人の性）に合う」の意味で用いられる。なお，suit「〜に合う」，become「〜に似合う」は他動詞なので，後ろに前置詞は不要である。

解答 4

(10)　失敗するかもしれないが，それはやってみるだけの価値があると思う。

be worth *doing* で「〜するに値する」の意味になる。

解答 3

(11)　投票は新しい提案に対して賛成 6 票，反対 4 票であった。

for は「〜に賛成して」，against は「〜に反対して」の意味で用いられる。

解答 3

(12)　ジャクソンさんは衝突事故を自分の運転手のせいにしたが，凍った道路の上を急がせたのだから，それは彼女の責任だと私は思う。

blame *A* for *B* (= blame *B* on *A*) で「*B*（事）を *A*（人）のせいにする」。accuse は accuse *A* of *B*「*A* を *B* の理由で非難する」の形を取るので注意。suspect *A* of *B*「*A* に *B* の嫌疑をかける」，take *A* for *B*「*A* を *B* だと思い込む」

解答 2

(13)　*A:* デザインよりも製品の質が大切だと思うよ。
　　　B: それでこれを勧めるのね。

matter は動詞で使われると「（事が）重要である，重大である」の意味になる。名詞では「問題，事，物質」の意味。appreciate「評価する」，excel「〜にまさる」，overcome「〜に打ち勝つ」

解答 4

(14)　*A:* メトロポリタン動物園に行くにはどの道を行けばいいと思いますか。
　　　B: 地下鉄の駅からバスに乗ることをお勧めしますよ。動物園はとても人気があって，駐車スペースを見つけるのに苦労することがしばしばですから。

recommend that *S* (should) *do* で「*S* が〜するよう勧める」。encourage は encourage *O* to *do*「*O* に〜するよう励ます」の形を取る。describe「〜を述べる，描写する」。appeal「訴える，懇願する」は自動詞。

解答 2

筆記 1

短文の語句空所補充⑦熟語

今日の目標

頻出熟語を徹底的にマークしよう！

ここでは，第3日で解説したパターンに沿って頻出熟語をリストアップする。以下のリストで挙げる以外の熟語については，問題を解いたり英文を読んだりする中で出会ったものを，一つ一つ覚えるようにしよう。

POINT **1** 句動詞とそのほかの熟語動詞を覚えよう！

■ 句動詞

break down	「故障する」	hang up	「電話を切る」
catch up with	「〜に追い付く」	keep up with	「〜に(遅れずに)ついていく」
come up with	「〜を思い付く」	put aside	「〜を脇に置く」
cut down on	「(数量など)を減らす」	put out	「(火など)を消す」
drop by [in]	「立ち寄る」	run short of	「〜が不足する」
fall on	「(光・音・視線などが)〜に当たる」	set off	「出発する」
figure out	「〜を理解する」	set up	「〜を設立する」
go through	「〜を経験する」	stay up	「寝ずに起きている」
hand in	「〜を提出する」	turn up	「不意に起こる」
hang on	「電話を切らずに待つ，〜にしがみ付く」	work out	「〜(問題など)を解決する，解く」

■ そのほかの熟語動詞

come true	「実現する」	lose *one's* temper	「かんしゃくを起こす」
get rid of	「〜を取り除く」	take a nap	「昼寝をする」
keep an eye on	「〜から目を離さない」	take account of	「〜を考慮に入れる」

POINT **2** 副詞の働きをする熟語を覚えよう！

as usual	「いつものように」	in general	「一般に」
at all costs	「どんな犠牲を払っても」	in particular	「特に」
at present	「現在は，目下」	in the first place	「第一に」
at random	「無作為に」	in the long run	「結局は」
by chance	「偶然に」	in turn	「順番に」
for good	「永久に」	later on	「後で」
in addition	「さらに」	on purpose	「わざと，故意に」
in advance	「あらかじめ」	so far	「今までのところ」
in detail	「詳細に」	to some extent	「ある程度」

POINT **3** 前置詞の働きをする熟語を覚えよう！

as to	「〜については」	in honor of	「〜に敬意を表して」
by means of	「〜を用いて」	on behalf of	「〜を代表して」
in charge of	「〜を担当して」	owing to	「〜のおかげ（原因）で」

POINT **4** 「*be* ＋形容詞＋前置詞」を覚えよう！

be acquainted with	「〜と知り合いである，〜に精通している」
be concerned about [with]	「〜について心配している」
be conscious of	「〜を意識している，〜に気付いている」
be engaged in	「〜に従事している」
be equipped with	「〜を備えている」
be equivalent to	「〜に等しい，〜に相当する」
be fit for (= *be* suitable for)	「〜に適している，〜にふさわしい」
be ignorant of	「〜を知らない」
be responsible for	「〜に責任がある」
be subject to	「〜を受けやすい，〜を条件にする」
be used [accustomed] to ＋ 名詞 [動名詞]	「〜に慣れている」

次の **(1)** から **(14)** までの( )に入れるのに最も適切なものを **1, 2, 3, 4** の中から一つ選びなさい。

(1) Sometimes this program is boring, but by and ( ), I quite enjoy it.

1 rule **2** large **3** by **4** great

(2) *A:* It's been raining day after day, hasn't it?
B: Yes, I'm ( ) up with it.

1 fed **2** tired **3** bored **4** sick

(3) He can't even use a calculator, much ( ) a computer.

1 less **2** more **3** none **4** worse

(4) In ( ) with Japan, the price of most goods is lower in the U.S.

1 consequence **2** reflection **3** comparison **4** quantity

(5) It has come ( ) to me how frightful an earthquake is.

1 heart **2** forth **3** home **4** hell

(6) You'll have to work very hard today to make ( ) for the time you wasted yesterday.

1 up **2** out **3** off **4** away

(7) *A:* Do you remember the name of the lake?
B: It's on the ( ) of my tongue but I can't exactly recall it.

1 slip **2** surface **3** end **4** tip

(1) この番組は退屈なときもあるが，全般的にとても楽しめる。

by and large「全般的に (= on the whole), ふつう (= usually)」。by and by「やがて」

解答 **2**

(2) *A:* 毎日よく雨が降るね。
B: ええ，うんざりだわ。

be fed up with (= *be* tired of)「～に飽き飽きしている，～にうんざりしている」。bore も「うんざりさせる」の意味で，*be* bored with … の形になる。　解答 **1**

(3) 彼は計算機すら使えないし，ましてコンピュータなど使えるわけがない。

much less (= still less)「(否定の後で) まして～でない」。much more (= still more)「(肯定文を受けて) なおさら～である」　解答 **1**

(4) 日本に比べて，アメリカではたいていの品物の値段が安い。

in comparison with「～と比較すると」(= compared with)　解答 **3**

(5) どんなに地震が恐ろしいか，私にはよくわかった。

come home to「(事実・危険などが) ～に痛切に感じられる，十分に理解される」
解答 **3**

(6) あなたは昨日無駄にした時間を取り戻すために，今日はかなりしっかり働かなければならないだろう。

make up for (= compensate for)「(損失など) を埋め合わせする，償う」　解答 **1**

(7) *A:* その湖の名前を覚えている？
B: のどまで出かかっているんだけど，思い出せないんだ。

on the tip of *one's* tongue「(物・事が) のどまで出かかって，もう少しで思い出せそうで」
解答 **4**

(8) *A:* It's been raining for six days in (   ).

B: I'm tired of such nasty weather.

1 failure   **2** success   **3** serial   **4** succession

(9) *A:* Don't you have any desire to settle in Japan?

B: I don't think so. With prices as high as they are, it's hard to make (   ) meet.

1 numbers   **2** ends   **3** calculation   **4** values

(10) You have to get (   ) of the habit of smoking if you really care about your health.

1 up   **2** away   **3** behind   **4** rid

(11) *A:* Have you gotten (   ) to city life?

B: No, for a country boy like me it's been one culture shock after another.

1 over   **2** accustomed   **3** prepared   **4** involved

(12) In (   ) with your request, I will enclose a picture of myself.

1 partition   **2** considering   **3** reflection   **4** accordance

(13) *A:* I think I can help out a little next week.

B: Good. I'm counting (   ) you.

1 on   **2** for   **3** at   **4** in

(14) Too much discipline will do more (   ) than good to children.

1 effect   **2** illness   **3** harm   **4** injury

(8) *A:* 6日間連続して雨が降っているわ。

B: もうこんな嫌な天気にはうんざりだね。

in succession で「連続して，次々に」の意味。in failure「失敗して」 　解答 **4**

(9) *A:* 日本に落ち着く気はないの？

B: そんな気はないね。こんなに物価が高くては，とてもやっていけないよ。

make (both) ends meet「収入内でやりくりする，収支を合わせる」 　解答 **2**

(10) 健康のことを本気で考えるのなら，喫煙の習慣は絶たなければなりません。

get rid of(= remove)「(やっかいなもの)を取り除く，免れる，追い払う」

　解答 **4**

(11) *A:* 都会生活には慣れた？

B: いや，田舎育ちの僕にはカルチャーショックの連続だよ。

get [*be*] accustomed to (= get [*be*] used to) は「～に慣れる[慣れている]」の意味。この to は前置詞なので，後ろには(動)名詞が続くことに注意。 　解答 **2**

(12) ご依頼のとおり，私の写真を同封します。

in accordance with で「～に従って，～と一致して」の意味。 　解答 **4**

(13) *A:* 来週になったら，少しは手伝えると思うよ。

B: よかった。当てにしているわ。

count on [upon] で「～を当てにする，～に頼る (= depend on)，～を期待する」の意味。count for「～の価値がある」，count in「～を勘定に入れる」 　解答 **1**

(14) しつけが厳しすぎると，子どものためになるどころか，かえってよくない。

do harm で「害をなす」。つまり do more harm than good で「益よりも害をなす」という意味。 　解答 **3**

短文の語句空所補充⑧文法

仮定法とそのほかの文法項目を学ぼう！

仮定法は筆記 1 の文法パートの頻出項目であり，英検 2 級全体においても重要な文法事項である。いろいろな応用パターンも含めてチェックしておこう。そのほかにも，押さえておくべき文法項目を解説する。

POINT 1 仮定法過去・仮定法過去完了をチェックしよう！

<u>仮定法過去</u>：現在の事実に反する仮定，もしくは現実に起こる可能性のない仮定とそれに対する帰結を表す。If で始まる条件節中の動詞は過去形，帰結節中の動詞は would [could / might / should] *do* という形になる。

<u>仮定法過去完了</u>：過去の事実に反する仮定とそれに対する帰結を表す。条件節中の動詞は過去完了形，帰結節中の動詞は would [could / might / should] have *done* という形になる。

 例題 **1**

Bob (　　　) his homework right after school today if his grandmother hadn't stopped by for a visit. He had to wait until she left to start it.

1 began　**2** had begun　**3** would have begun　**4** will begin

(08-1)

訳　もし祖母が家に寄らなければ，ボブは今日の放課後すぐに宿題を始めていただろう。彼女が帰るまで，彼は始めるのを待たなければならなかった。

解　説　条件節中の動詞が hadn't stopped by ... と過去完了で「もし祖母が家に寄らなければ…」と過去の事実に反する仮定になっているので，帰結節は「放課後すぐ始めたのに」という意味にして would have begun ... とすればよい。

解答：**3**

　ほかに注意すべき形に，had / were / should の倒置による条件節の if の省略（例：Should anything happen to my son, call me at once.「もし息子に何かあったら，すぐに電話してください」），wish を使った仮定法（例：I wish I were taller.「背がもっと高かったらなあ」），If … should ～「万一～したら」，If … were to ～「もしも～するようなことがあれば，仮に～すれば」（例：If the lion were to escape from the cage, we would all be in danger.「もしライオンがその檻から逃げ出したら，われわれはみな危険にさらされるだろう」），as if …「まるで～のように」などがある。

POINT **2** 否定表現の用法をチェックしよう!

　通常の否定文以外の否定表現も出題されることがあるので注意が必要だ。

例題 **2**	Susan checked all of the shirts in her size, but (　　　　) were exactly what she was looking for. **1** one　　　　**2** any　　　　**3** none　　　　**4** no <div align="right">(06-3)</div>
訳	スーザンは自分のサイズのシャツをすべてチェックしたが，彼女が探している，そのとおりのものはなかった。
解説	否定的な意味の語で，単独で were の主語になる語は none しかない。 <div align="right">解答：**3**</div>

　例題の none のほか，nothing, nobody といった否定を表す代名詞，had better not / would rather not といった助動詞的な表現の否定形，hardly ever「めったに～ない」，no longer「もはや～ではない」，no better than「～も同然」，nothing but「～にすぎない」などの否定的な語を利用した慣用表現なども重要である。

POINT **3** 代名詞の用法をチェックしよう!

　よく問われる代名詞の用法として，既出の名詞を反復する代わりに that of「～のそれ」などのように that を活用するものがある。（例：This CD player's sound quality is better than that of many more expensive CD players.「この CD プレーヤーの音質は，多くのより高価な CD プレーヤーのそれよりも良い」）

　ほかに，one の代名詞の用法，something, everybody のように -thing, -body で終わる代名詞，another（別の 1 つ）/ the other（残りの 1 つ）/the others（残りのすべて）の使い分け，関係代名詞などが重要である。

　以上 3 つの POINT で挙げた文法項目のほかにも前置詞や接続詞を問う問題なども出題されることがある。

Practice

次の (1) から (14) までの (　　　　) に入れるのに最も適切なものを **1, 2, 3, 4** の中から一つ選びなさい。

(1)　(　　　　) having gone through our packing list four times, we still forgot to bring film for the camera.

1 Without　　　**2** Despite　　　**3** Unless　　　**4** Perhaps

(2)　The radio I bought here yesterday doesn't work very well. Could you exchange it for (　　　) one?

1 other　　　**2** some　　　**3** another　　　**4** the other

(3)　You (　　　) make light of the test even if it's a small one.

1 had not better　　　　　　**2** didn't have better

3 had better not　　　　　　**4** had no better

(4)　*A:* Somehow this work isn't very efficient.

　　B: How about changing the order (　　　) you do things?

1 this　　　**2** what　　　**3** to which　　　**4** in which

(5)　He must have had an accident on the way, or he (　　　) here by now.

1 will have been　　　　　**2** has been

3 would have been　　　　　**4** could have had

(6)　*A:* Would you like to go for a walk in the park after dinner?

　　B: No, I'm afraid (　　　). I'm a little tired.

1 don't　　　**2** none　　　**3** nothing　　　**4** not

(7)　*A:* The fireworks display was so beautiful. I wish you (　　　) with me.

　　B: So do I, Mary. It was a pity I had to work overtime to meet the deadline.

1 were　　　**2** have been　　　**3** had been　　　**4** would be

(1) 荷造りのリストを4回も点検したにもかかわらず，私たちはそれでもカメラのフィルムを持ってくるのを忘れてしまった。

文脈から「〜にもかかわらず」という逆接の意味の Despite を選ぶ。unless は「もし〜でなければ」という意味の接続詞。 解答 **2**

(2) 昨日こちらで買ったラジオの調子が悪いんです。別の物と交換してくれませんか。

another は「もう一つ[一人]の，別の」の意味で用いられる。 解答 **3**

(3) 小テストといっても，軽く考えないほうがいいよ。

「〜しないほうがいい」は had better not *do* の語順になる。make light of … は「〜を軽視する」。 解答 **3**

(4) *A:* どうもこの仕事の効率があまりよくないな。
B: 仕事の手順を変えてみたら？

「その[ある]順番で」は，前置詞の in を用いて in the [a] order と表すことができる。「物事を処理する手順」は the order in which you do things となる。 解答 **4**

(5) 彼は途中で事故に遭ったに違いない，さもなければ今ごろはもうここにいてもよいころである。

「さもなければ〜していただろう」という意味で，空所は仮定法過去完了の帰結節の時制〈would have ＋過去分詞〉となる。 解答 **3**

(6) *A:* 食事が終わったら，公園に散歩に行かない？
B: いいえ，やめておくわ。少し疲れているから。

not のみで not を含む否定の節を代用することができる。 解答 **4**

(7) *A:* 花火大会はとてもきれいだったわ。あなたも一緒だとよかったのに。
B: 僕もそう思ってるよ，メアリー。締め切りに間に合わせるのに残業しなければならなかったのが残念だよ。

〈I wish ＋過去完了の節〉で，過去の事実に反する願望を表す。 解答 **3**

(8) *A:* How do you suggest we handle this latest trouble?

B: There's nothing we can do ( ) keep our peace and see how things turn out.

1 but **2** though **3** to **4** or

(9) *A:* If you ( ) win one million dollars in a lottery, what would you do?

B: I'd quit my work and live peacefully in a remote village with my family.

1 shall **2** had to **3** were to **4** got to

(10) *A:* You were an even greater help than I'd expected.

B: I'm glad I could be ( ) help.

1 of **2** on **3** with **4** by

(11) I had neither more ( ) less than fifty dollars with me then.

1 or **2** nor **3** but **4** no

(12) ( ) what to say, Keiko remained silent all through the meeting.

1 Not known **2** Doesn't know

3 Never be knowing **4** Not knowing

(13) He has a quick temper, but ( ) he is a man of character.

1 despite **2** while **3** otherwise **4** without

(14) The pollution would have been even worse ( ) they not taken special measures to avoid further criticism.

1 had **2** might **3** were **4** would

(8)　*A:* 今回のトラブルには，私たちはどう対処したらいいと思う？
　　　　B: 事態がどうなるか，静観するしかないね。

〈can do nothing but ＋原形不定詞〉で「〜するしかない」の意味になる。*cf.* I cannot help but laugh. (= I cannot help laughing.)「笑わざるをえない」　**解答 1**

(9)　*A:* もし宝くじで 100 万ドルが当たったら何をしたい？
　　　　B: 仕事をやめて，家族と一緒にへんぴな田舎で静かに暮らしたいな。

If ... were to *do*「もし仮に〜すれば」は，現在および未来に関して実現しそうにないと考えられる仮定を表す。　**解答 3**

(10)　*A:* 君は期待した以上に役に立ってくれたよ。
　　　　B: お役に立てたのなら私もうれしいです。

〈of ＋抽象名詞〉で形容詞の働きをする。of help で「役に立つ」(helpful) の意味。　**解答 1**

(11)　私はその時ちょうど 50 ドル持ち合わせていた。

neither *A* nor *B*「*A* も *B* も（どちらも）〜ない」の相関表現を作る。「50 ドルより多くもなく少なくもなく持ち合わせていた」とは，言い換えると「ちょうど 50 ドル持ち合わせていた」ということ。　**解答 2**

(12)　何を言ったらよいかわからずに，ケイコは会議の間ずっと黙っていた。

否定の分詞構文は現在分詞の前に Not を置けばよい。この文は Because she didn't know what to say, ... のように言い換えられる。　**解答 4**

(13)　彼は短気だが，ほかの点では立派な人物である。

otherwise「ほかの点では，さもなければ」(副詞) が正解。despite「〜にもかかわらず」(= in spite of) と without は前置詞なので，後に名詞（句）が続かなければならない。　**解答 3**

(14)　それ以上の批判を避けるために彼らが特別な措置を取らなかったら，汚染はさらにひどくなっていただろう。

仮定法過去完了の条件節の had を倒置することにより if を省略する用法。問題文のように条件節が帰結節の後ろに続く場合，2 つの節の境界がわかりにくいので注意しよう。　**解答 1**

筆記2

短文中の語句整序②

今日の目標

熟語や構文を見抜けるようになろう！

筆記2では，並べ替えの鍵となる熟語や構文を知っていなければ解くのが困難な問題が出題されることがある。こうした熟語や構文は日本語からは発想しづらい。それらの形を覚え，選択肢から語順を見抜こう。

POINT 1 熟語や構文の鍵になる語に目をつけよう！

　熟語や構文の知識を増やすとともに，選択肢の中にその中心となるキーワードを見つけて，使われている熟語・構文を見抜く力も重要だ。熟語は，句動詞が多いが，接続詞・副詞・前置詞の働きをするもの，そして不定詞を含む構文などにも注意。

例題	Kerry usually goes to the beach on weekends, but (　　　) in the mountains. She plans to go on a hiking trip this weekend because she hasn't hiked for two months.

1 hiking　　**2** then she　　**3** likes to go
4 now and　　**5** every

(07-1)

訳　ケリーは週末にはたいてい海辺へ行くのだが，時々山へハイキングに行きたくなる。彼女は2カ月間ハイキングをしていなかったので，今週末はハイキング旅行に行く予定である。

解説　副詞の働きをする熟語 every now and then「時々」を知っているかどうかがポイント。第1文「海辺へ行く」→ but (　　　)，第2文「ハイキングの計画」という流れなので，every now and then の後に続くのは she likes to go hiking という語順がふさわしい。

▶正しい語順 <u>every</u> <u>now and</u> <u>then</u> <u>she</u> <u>likes to go</u> <u>hiking</u>　解答：4-3
　　　　　　　5　　　4　　　2　　3　　　1

POINT **2** 不定詞，群接続詞，相関接続詞を押さえよう!

不定詞，群接続詞，相関接続詞は頻出項目なので，しっかり押さえておきたい。

■ **不定詞**

Would you be **so** kind **as to** help me find my contact lens?

(私のコンタクトレンズを探すのを手伝っていただけるとありがたいのですが)

Bill and Rebecca drove 30 minutes to their favorite restaurant **only to** find that it had closed down.

(ビルとレベッカは車で 30 分かけて彼らのお気に入りのレストランに行ったが，結局その店は廃業してしまっていた)

■ **群接続詞**：複数の語で 1 つの接続詞のように働く熟語

By the time a person graduates from high school in Japan, he or she will have studied English for at least six years.

(日本の高校を卒業するまでに，人は少なくとも 6 年間英語を勉強することになる)

You can stay here **as [so] long as** you keep quiet.

(静かにしている限り，ここにいてもいいよ)

■ **相関接続詞**：1 対の語句が呼応して，全体として接続詞の役割をするもの

Neither you **nor** she is responsible for the damage caused in the accident.

(その事故による損害の責任は，あなたにも彼女にもない)

He's been practicing his lines all day **for fear that** he **might** forget them on stage.

(彼は自分のせりふを舞台で忘れないよう，一日中ずっと練習してきた)

POINT **3** 英語的な構文をマスターしよう!

次の構文は日本語の発想からはわかりにくいので，慣れておきたい。

■ **動詞と同形の名詞を使った構文**

I'll **make do with** my old watch for a bit longer.

(私は自分の古い時計でもう少し間に合わせます)

He **took a look** through the telescope with his own eyes.

(彼は自分の目で望遠鏡をのぞいた)

■ **無生物主語の構文**

A five minutes' walk along this road will bring you to my house.

(この道を 5 分歩けば，私の家に着きます)

Nothing can stop her from marring him.

(彼女はどんなことがあっても，彼と結婚するつもりだ)

■ **It が主語の構文**

It won't be long before the baby wakes up and starts crying.

(じきに赤ちゃんは目を覚まして，泣き始めるだろう)

It wasn't Tom but Bob **that** broke the windowpane yesterday.

(昨日窓ガラスを割ったのは，トムではなくボブだった)

次の英文がそれぞれ完成した文章になるように，その文意にそって **(1)** から **(6)** までの **1** から **5** を並べ替えなさい。そして **2** 番目と **4** 番目にくる最も適切なものを一つずつ選び，その番号を解答用紙の所定欄にマークしなさい。ただし，（　　　　）の中では文頭にくる語も小文字で示してあります。

(1) (　　　　) us. We had just had dinner with him a month before and he had looked just fine then.

1 died	**2** had	**3** really shocked
4 the news	**5** that Uncle Joe	

(2) (　　　　) to come over to take care of my dog. Thanks to her help, I was able to stay in the hospital with no worries and get well.

1 Mary	**2** it	**3** of
4 was	**5** very nice	

(3) The police officer showed me the two suitcases, but there was no (　　　　). Finally, the police decided to break the lock of one of them to see what was inside it.

1 as I	**2** could	**3** as far
4 difference	**5** see	

(1) 叔父のジョーが死んだという知らせは私たちに大きな衝撃を与えた。私たちはその1カ月前に叔父と食事をしたばかりで，その時は全く元気そうに見えたのだ。

まず無生物の The news が主節の主語となり，The news … really shocked us. となる。さらに the news の直後に同格の that 節が，that Uncle Joe had died と続いて，the news の内容を具体的に説明している。また，この2つの節のどちらが時間的に先かを考えた上で，had を使って過去完了形を作ることも重要。

▶正しい語順：<u>The news</u> <u>that Uncle Joe</u> <u>had</u> <u>died</u> <u>really shocked</u>　　解答 **5-1**
　　　　　　　　4　　　　5　　　　　2　　1　　　3

(2) メアリーはとても親切なことに，私の犬の面倒を見に来てくれた。彼女のおかげで，私は何の心配もなく病院に入院して，回復することができた。

it is nice of *A* to *do*「*A* が〜するのは思いやりがある」「*A* は親切にも〜してくれる」。〈nice of ＋人〉の形で nice がその人 (Mary) の特性を表す。

▶正しい語順：<u>It</u> <u>was</u> <u>very nice</u> <u>of</u> <u>Mary</u>　　解答 **4-3**
　　　　　　　2　4　　　5　　　3　　1

(3) 警察官は私に2つのスーツケースを見せたが，私の見る限り違いは見当たらなかった。最終的に警察は片方のスーツケースの鍵を壊して中身を確認することにした。

群接続詞 as far as「〜の限りでは」という表現がポイント。空所前の形容詞 no が修飾する名詞は何かという観点も重要。

▶正しい語順：<u>difference</u> <u>as far</u> <u>as I</u> <u>could</u> <u>see</u>　　解答 **3-2**
　　　　　　　　4　　　3　　1　　2　　5

(4) Nowadays many students carry a cell phone and use it to enjoy chatting and exchanging mail with friends. However, they may sometimes (　　) it at the wrong time or for the wrong purpose.

1 by   2 into   3 get

4 trouble   5 using

(5) We don't judge a child by (　　) by the child's character. That's why we ask the parents to refrain from coming into the interview room with their children.

1 are   2 but   3 like

4 what   5 his or her parents

(6) *A:* I think everybody except Roger has come to this class reunion. Do you know what happened to him?

B: I am the last person who saw him and it was when we were 20. His parents died a long time ago and there's (　　) now.

1 he   2 is   3 knowing

4 no   5 where

(4) 近ごろは多くの生徒が携帯電話を持っていて，友達とのおしゃべりやメール交換を楽しむのに使っている。しかし時に彼らは，それを不適切な時に，あるいは間違った目的で使うことで，問題を起こすことがある。

get into trouble「困ったことになる，問題を起こす」という表現がポイント。主語の they に対する動詞を get にして，前置詞 by と into はそれぞれ trouble と空所直後の it のどちらを導くかを考える。it = a cell phone と気付くことも重要である。

▶正しい語順：get <u>into</u> trouble <u>by</u> using　　　　　解答 2-1
　　　　　　　　3　2　　4　　1　　5

(5) 私たちは子どもを，その親がどのような人物かではなく，その子どもの個性で判断します。ですから，ご両親には自分の子どもと一緒に面接室に入ることをご遠慮いただいています。

not 〜 but …「〜ではなく，（むしろ）…」の相関接続詞を用いた構文。空所前後にある by に注目。この問題では not by 〜 but by …「〜によってではなく，…によって」となる。what で始まる節は by の目的語になっているので, his or her parents are と,主語と動詞が肯定文の語順になることにも気を付けよう。

▶正しい語順：what <u>his or her parents</u> <u>are</u> <u>like</u> but　　解答 5-3
　　　　　　　　4　　　　5　　　　1　　3　2

(6) *A:* ロジャー以外はみんなこのクラス会に来たようね。彼がどうしたか知ってる？
　　B: 彼に最後に会ったのは僕なんだけど，それも僕らが20歳の時だよ。彼の両親もずいぶん前に亡くなっているし，彼が今どこにいるのか知るすべはないよ。

There is no *doing*「〜することはできない」の構文を知っているかどうかがポイントになる。

▶正しい語順：<u>no</u> <u>knowing</u> where <u>he</u> is　　　　解答 3-1
　　　　　　　　4　　3　　　5　　1　2

長文の語句空所補充②

空所に入る語を考える際のポイントをチェックしよう！

文法的な正誤の判断や語彙力を直接問うのが筆記3の趣旨ではない。文脈から空所に入る語を判断する能力が問われる設問がほとんどである。

POINT 1 空所の前からのアプローチ！

　空所を含む文は前文の内容をどう受けているかという，文章の流れを把握するのが最初のチェックポイント。論理展開を表す接続表現が鍵になっていることが多い。

例題 1

… People who lived near the forests also worried about the damage that was being done. However, since many local residents depended on the timber companies for their jobs, they often (　　　) the environmental groups. …

1 preferred　　**2** copied　　**3** opposed　　**4** discovered

(08-2 より一部抜粋)

訳　森の近くに住む人々もまた，森に与えられているダメージのことを心配した。けれども地元住民の多くが，製材会社に自分たちの仕事を依存していたので，しばしば環境団体に反対の立場を取った。

解説　空所を含む文の前文には，森林周辺の住民が森林へのダメージを心配していたとある。そして，空所を含む文は However…「しかし…」と逆接の副詞で始め，since「～なので」以下で，多くの住民が製材会社に仕事を依存している状況を説明している。この文脈に沿うように「（環境団体）に反対した」(opposed) を選ぶ。

解答：3

POINT 2 空所の後ろからのアプローチ！

　まずトピックを示し，それをサポートする具体例が続くというのが，英文の典型的

な展開パターンである。そのような展開では，空所に続く具体例から，空所を含む部分の内容を推測できることがある。また，空所に入る語が動詞の場合は，目的語は何か，特に目的語が that 節の場合はその内容が，正解のヒントになる。

例題 2

… Some of his suggestions were (　　　), such as putting on more clothes in the winter instead of using a heater. Others required bigger changes, such as buying a more environmentally friendly car …

1 exciting **2** expensive **3** simple **4** necessary

(07-2 より一部抜粋)

訳

彼の提案のいくつかは，冬にはヒーターを使う代わりにより多くの服を着るといった単純なものだった。ほかの提案は，より環境にやさしい車を買うといった，もっと大きな変化を必要とするものだった。

解説

空所の後ろに such as「例えば〜のような」と具体例が提示されており，また次の文で Others required bigger changes と対比的な内容が続いているので，Some of his suggestions は「単純な」(simple) ものだと判断できる。

解答：3

POINT 3 代名詞・言い換え表現からのアプローチ！

筆記 3 では文脈を理解することが大切だが，そのためには，文と文とのつながりを正確に把握することが必要だ。文をつなぐ接続詞・副詞のほかに，前文の内容を受ける代名詞や，言い換え表現にも注目しよう。

例題 3

Methane is also a powerful greenhouse gas, and one (　　　) of it is cow's breath.

1 activity **2** effect **3** source **4** utilization

訳

メタンもまた強力な温室効果ガスであり，その発生源の一つが牛の呼気である。

解説

最初の節の内容や空所と cow's breath「牛の呼気」との関係を考えると，空所後の of it の it は methane「メタン（ガス）」で，その発生源 (source) の一つが牛の呼気という流れだとわかる。

解答：3

次の英文 [A], [B], [C] を読み，その文意にそって (1) から (12) までの (　　　) に入れるのに最も適切なものを 1, 2, 3, 4 の中から一つ選びなさい。

[A] First-naming

Recently in America there has been a strong trend toward first-naming as many people as possible as soon as possible. People who never would have dreamed of calling each other by their (　1　) names thirty years ago regularly do so today. Certainly in most parts of the country, neighbors, if they speak at all, use first names, (　2　) perhaps there is a great age difference or one is a medical doctor. One practice that disconcerts many East Coast over-thirties is to have physicians' receptionists call out patients' first names, rather than using "Mr." or "Mrs." and their last name. The trend toward students' addressing teachers by their first names is another facet of this general lessening of social distance.

Use of address mirrors social reality. For instance, our society often gives special titles to those who perform honored functions. The trend toward first-naming also (　3　) the social scene today, with its general aura of casualness. To some degree, the casualness in social relations and social behavior can be seen as an extension of the youth culture. The young are traditionally less stiff and formal than their elders, and even old people try to act young nowadays. First-naming, casual attire, casual dining, and casual entertaining are all of a (　4　).

(1)	1 family	2 last	3 given	4 middle
(2)	1 if	2 unless	3 when	4 though
(3)	1 recovers	2 resumes	3 reminds	4 reflects
(4)	1 story	2 topic	3 line	4 piece

ファーストネームで呼び合う

　最近のアメリカでは，できるだけ多くの相手を，できるだけ早いうちから姓でなく，ファーストネームで呼ぶ傾向が目立つ。30 年前であれば，お互いに名前で呼び合うなど考えも及ばなかったような人々が，今日では日ごろからそれをしているのである。確かに国内のほとんどの場所では，隣人同士が仮に口を利く仲であれば，年齢差が大きいとか，どちらかが医師ということでもない限り，ファーストネームで呼び合っている。東海岸出身の 30 歳以上の人々の多くを当惑させる習慣の一つは，病院で受付係が患者を「敬称＋苗字」ではなく，ファーストネームで呼ぶことである。学生が教師にファーストネームで声を掛けるという傾向も，この社会的な隔たりが全体的に縮小するという現象のもう一つの側面である。

　相手をどのように呼ぶかということは，社会の現実を反映する。例えば，私たちの社会において，社会的評価の高い職務に就いている人たちを，特別な敬称で呼ぶことはよくあることである。相手をファーストネームで呼ぶ傾向もまた，全般にカジュアルな気分の漂う現代社会の反映でもある。社会での人間関係や社会行動における形式にこだわらないやり方は，ある程度若者文化の拡大ととらえることも可能だろう。昔から若者は年長者に比べて気軽で形にとらわれないし，近ごろは老人も若々しく振る舞おうとする。ファーストネームで呼ぶ習慣，カジュアルな装い，カジュアルな食事，カジュアルなもてなしなど，すべて同じ性質のものである。

(1) 「（姓でなく）名前で呼び合うことなど考えも及ばなかった」という意味にするために，第 1 文の first-naming という用語を踏まえ，given names とする。　**解答** 3

(2) 第 1 〜第 2 文の内容から，「年齢の差が大きかったり，一方が医者ということでもない限り」という意味にして unless を選ぶ。　**解答** 2

(3) ファーストネームで呼ぶ傾向は，社会の現実を「映し出している」という意味にして reflects を選ぶ。recover「回復する」，resume「再び始める」，remind「思い出させる」　**解答** 4

(4) all of a piece で「すべて同種類の，似たり寄ったりで」の意味。　**解答** 4

[B]　　　　　　　City Planning

The population of many cities is growing as people find better employment opportunities in urban areas. Although more people are moving to the city, additional space is rarely available for the growing needs of the population. City planners are trying to design and use space to make cities better places to live.

One possible solution to the problem of (　5　) space is to build a huge building that will contain an entire community. These oversized buildings will have apartments on the higher floors, businesses and offices on the middle floors, and stores and entertainment centers on the lower levels. Architects and planners will include everything a person needs in his daily life. Gymnasiums, theaters, concert halls, and every imaginable store will be in the (　6　) building. Doctors' offices and city agencies will be readily available to those who live there. People will live and work in the same building, and transportation will become (　7　) of a problem. It is possible that people will seldom need to leave the building. This kind of structure does not seem very strange when we think of some famous buildings in our cities today.

A more surprising idea that city planners have is to design communities in the desert. Some people are even planning cities on the ocean's surface. These new ideas are needed because cities, as they are now, will not be (　8　) in size or in services for people in the future.

(5)	**1** limited	**2** vast	**3** infinite	**4** boundless
(6)	**1** different	**2** conventional	**3** same	**4** deserted
(7)	**1** more	**2** less	**3** much	**4** most
(8)	**1** scarce	**2** insufficient	**3** problematic	**4** adequate

都市計画

　都市部のほうが，よりよい仕事に就ける機会が多いので，多くの都市で人口が増加している。ますます多くの人が都会に移動しているが，人々の増大する需要に応える予備の空間はめったにない。都市計画の専門家たちは都市をもっと住みよい場所にしようと，空間を設計したり，利用したりしている。

　限られた空間という問題に対する1つの解決策は，1つの地域社会を丸ごと収容してしまうような巨大な建造物を建設することである。これらの特大の建造物の高層部にはアパート，中層部には会社や事務所，低層階には店舗や娯楽センターということになるだろう。建築家や都市計画者は，日常生活で人々が必要とするすべてのものを収容しようとするだろう。体育館や劇場，コンサートホールをはじめとして，考えられるすべての店が同じ建物の中に入るだろう。診療所や市の機関も，そこに暮らす人々は容易に利用できるようになる。人々は同じ建物で生活したり，仕事をしたりするので，交通はあまり問題にならない。人々はほとんどその建物を離れる必要がなくなるかもしれない。このような構造は今日のさまざまな都市の名だたる建物をいくつか考えると，それほど奇妙にも思えない。

　都市計画者が考えているさらに驚くべき構想は，地域社会を砂漠の中に設計するというものである。さらには海上に都市を設計しようとしている人たちもいる。このような新しい構想が必要とされているのは，都市が現在の様子から見て，将来的に人々にとって容量もサービスも十分ではなくなるからである。

(5) 増え続ける人口に見合う十分な空間を確保できないという第1段落の内容から limited (space)「限られた（空間）」とすればよい。vast「広大な」，infinite「無限の」

解答 1

(6) 前後の文脈から，「すべての店が同じ建物の中に入る」という意味にして same を選ぶ。conventional「因習的な」，deserted「見捨てられた」

解答 3

(7) 巨大な建物の中で，生活のすべてが賄えるのだから，「交通はあまり問題にならない」という意味にして less を選ぶ。less of a problem で「重要度の低い問題」。

解答 2

(8) 第3段落第1〜第2文にある砂漠や海上の都市構想の例から，「都市は容量やサービスという点で」，will not be adequate「十分ではなくなる」という意味になることが推測できる。

解答 4

Practice ······························ 練習問題

[C]   Machine Intelligence

One of the most interesting fields of study today is Artificial Intelligence (AI). This is the attempt by scientists to develop computers that think totally independently, just as humans do. AI has been featured widely in news reports and science fiction movies, but AI is many years away.

Less known but more immediately (**9**), however, is Machine Intelligence (MI): machines that operate and respond with a high level of intelligence. Experts believe that machines with high levels of intelligence will soon be able to do much more than the relatively simple, repetitive work they carry out in factories today. An intelligent machine could adjust to problems on, for example, a car assembly line. It could also repair itself or automatically respond to changes in a production process. (**10**), it could do all this with a level of accuracy that human workers would find impossible.

One problem in the development of MI is that it is difficult to program machines to predict production problems. Not every potential problem or change on an assembly line can be programmed into a machine, in part because humans themselves cannot predict all problems. A human worker might quickly see that a product on an assembly line was being made in the wrong color, for instance, and alert a supervisor. A machine, on the other hand, needs to be programmed to deal with that. If it is not pre-programmed, the machine might not (**11**) the problem.

Another obstacle is that it is currently difficult to make machines as (**12**) as the human body. Even the most complex machines, for example, cannot climb, pick up objects, or even just move forward as smoothly as humans can. Despite these problems, MI researchers and engineers believe that future machines will soon be able to do all the work that humans can do, and respond to problems just as humans might.

(9)	1 irrelevant	2 clumsy	3 practical	4 equal
(10)	1 Moreover	2 Instead	3 Nevertheless	4 Unfortunately
(11)	1 convert	2 recognize	3 ignore	4 concern
(12)	1 flexible	2 sensible	3 applicable	4 acceptable

機械知能

　今日，最も興味深い研究分野の一つが，人工知能 (AI) である。これは，まさに人間がするように，完全に独立して考えるコンピュータを開発しようという，科学者による試みである。AI はニュース報道や SF 映画の中で広く取り上げられてきたが，AI の実現は相当先の話である。

　AI ほどはよく知られていないが，より早く実用的になりそうなのが，機械知能 (MI) だ。高レベルの知能で作動し，反応する機械のことである。近い将来，高レベルの知能を持つ機械は，今日それらが工場で行っている比較的単純で反復的な作業より，はるかに多くのことをこなせるようになると，専門家は考えている。知能機械は，例えば車の組み立てラインでの問題にも適応することができるだろう。それはまた，自分自身を修理できたり，製造工程の変化に自動的に対応できるだろう。さらにそれは，人間の従業員であれば不可能だろうというレベルの正確さで，こうしたことすべてを行うことができるだろう。

　MI の開発における一つの問題は，生産過程における問題を予測するように機械をプログラムするのが難しいということである。組み立てラインの上で起こる可能性のあるすべての問題または変化を，機械にプログラムすることができるわけではない。一つには，人間自身がすべての問題を予測することができるわけでないということにもよる。人間の従業員であれば，例えば組み立てラインの上の製品が間違った色で作られているのに素早く気付き，管理者に注意を促すだろう。一方，機械はそうしたことに対処するようにプログラムされている必要がある。あらかじめプログラムされていなければ，機械は問題を認識しないだろう。

　もう一つの障害は，機械を人体と同じくらい柔軟にすることは現在のところ難しいということである。最も複雑な機械でさえも，例えば登ったり，物体を持ち上げたり，ただ前に進むことさえも，人間がするほどスムーズにはできない。これらの問題にもかかわらず，未来の機械はじきに，人間ができるすべての仕事ができるようになり，ちょうど人間がするように問題に対処することができるようになると，MI の研究者やエンジニアは信じている。

(9) 空所を含む文には逆接の however が含まれているので，MI は「AI ほど知られてはいないが，より早いうちに実用的 (practical) になる」という文脈。　**解答 3**

(10) 空所を含む文の前文は intelligent machine の能力を列記し，空所の後で正確さという能力を付け加えているので，Moreover「さらに」がふさわしい。　**解答 1**

(11) 第 3 段落の MI の弱点に関する記述から，「あらかじめプログラムされていなければ，機械は問題を認識 (recognize) できない」となる。　**解答 2**

(12) 最終段落第 2 文で人体のスムーズな動作を具体的に説明しているので，空所を含むフレーズは make machines as flexible as … となる。　**解答 1**

筆記4

長文の内容一致選択②

今日の目標
スコアアップのための注意点をチェックしよう！

筆記4の[B][C]では，社会的・科学的な内容のトピックが出題されることが多い。内容的に難しく，分量も多いので日ごろから新聞や雑誌をよく読み，社会常識に強くなっておくことが大切だが，ここではそうした内容をより素早く正確に把握するための方法を練習する。

POINT 1 キーワードや接続語句に注目！

文章中に何回も出てくる，「キーワードとなる語句」や「論理展開を表す接続語句」は，文章の流れを素早く正確に把握する上で重要なので注目して読むようにしよう。以下に注意すべき接続語句，そして副詞・前置詞も併せて掲載する。

■ **順接** **and**「そして」

■ **逆接** **but**「しかし」，**though**「～だけれども」，**however**「しかしながら」，**nevertheless**「それにもかかわらず」，**conversely**「逆に」，**still**「それでもなお」，**yet**「だが」
・It may rain; **nevertheless**, we will go on our trip.
（雨が降るかもしれないが，**それでも**旅行には出掛けるつもりである）

■ **対比** **while**「～の一方で」，**on the other hand**「他方では」，**on the contrary**「反対に」
・He suffered a heavy loss, but **on the other hand** he learned a great deal from the experience.
（彼は大きな損失をこうむったが，**一方**その経験から学んだものも大きかった）

■ **理由** **because / since / as**「～なので」，**for**「～のために」

■ **結果・結論** **after all**「結局」，**accordingly**「従って」，**consequently**「その結果（として）」，**as a result**「結局」，**therefore**「それゆえに」，**hence**「この理由で」，**thus**「こうして」
・She was asked to go, and **as a result** she left.
（彼女は行くように頼まれ，**結局**出掛けたのである）
・The cup can be used repeatedly and **therefore** is friendly to the environment.
（そのカップは繰り返し使える**ので**環境にやさしい）

■ **展開** **furthermore**「その上」, **besides**「さらに」, **first(ly)**「第 1 に」, **second(ly)**「第 2 に」, **then**「それから」, **next**「次に」, **finally**「最後に」, **first of all**「まず第 1 に」, **what is more**「さらに」, **moreover**「その上」

- This book is instructive; **moreover** it isn't expensive.
  （この本はためになる，**それに**値段は高くない）
- I have two main reasons for loving him; **first** he is kind, and **second** he is intelligent.
  （彼のことが好きなのには 2 つの主な理由がある。**第 1 に**親切であり，**第 2 に**聡明だからである）

■ **例示・言い換え** **for example / for instance**「例えば」, **as**「～のように」, **such as**「～のような」, **that is**「すなわち」, **in brief (= briefly / in short)**「要するに」, **in other words**「言い換えれば」

- He is a man of talent; **for instance**, he can speak five foreign languages.
  （彼は才能豊かな人です。**例えば**彼は 5 つの外国語を話せます）
- Mike has been to several countries in Asia, **such as** Thailand, Korea and China.
  （マイクはタイ，韓国，中国の**ような**，アジアの国々を訪れたことがある）
- Kenji does not eat meat or fish. **In other words**, he is a vegetarian.
  （ケンジは肉や魚を食べない。**言い換えると**菜食主義者ということだ）

■ **そのほか** **as a matter of fact**「実のところは」, **actually / in fact**「実際」, **in any case**「とにかく」, **incidentally**「ところで，ついでながら」, **of course**「もちろん」, **on the whole**「概して」, **instead**「その代わりに」, **otherwise**「もしそうでなければ，そのほかの点では」

- He has a quick temper, but **otherwise** he is a man of character.
  （彼は短気だが，**ほかの点では**立派な人物である）

POINT **2** 言い換え表現を見破ろう!

　同じことを述べていても，本文と選択肢では別の表現が用いられていることが多い。この言い換えを見破れるようになることが，正解率アップのための極意である。

例題

3-D Printing

　Many people have had the experience of dropping a cell phone. If they need to replace a broken piece of the cover, they either have to call the manufacturer or visit the store where they bought the phone. But in a few years, people may turn to an invention that allows them to create their own replacement parts at home—the 3-D printer.

　The most obvious difference between 3-D printers and

traditional printers is that 3-D printers can produce three-dimensional objects. While traditional printers use paper and ink, 3-D printers reproduce objects using materials such as powdered nylon and aluminum. 3-D printers print out a series of thin layers. These layers are then joined together by heat and pressure to form a 3-D object. The design for the object can be downloaded from the manufacturer's website. Thus, rather than search for a replacement for a broken cell-phone cover, people would simply use the design to print out the object on their 3-D printer.

(1) In the near future,

    1 stores will sell cell phones that work as printers.

    2 printers may no longer have parts that can be broken.

    3 people may have a new way of replacing broken parts.

    4 manufacturers will give people a new cell phone when they visit.

(2) How does a 3-D printer work?

    1 It prints layers of materials and shapes them into objects.

    2 It creates designs for manufacturers to use when making parts.

    3 It joins together sheets of paper with heat and pressure.

    4 It produces a paper pattern and adds powdered nylon and aluminum.

(08-2 より一部抜粋)

訳

3次元印刷

　多くの人々は携帯電話を落とした経験があるだろう。カバーの壊れた部品を取り換える必要があるときは，製造元に電話をするか，携帯電話を買った店に行かなければならない。しかしあと2，3年もたてば，人々は自宅で自分用の交換部品を作製することを可能に

する発明品—3次元プリンターに頼るようになるかもしれない。

　3次元プリンターと従来のプリンターとの間の最も明白な相違点は，3次元プリンターは立体の物体を作り出すことができるということである。従来のプリンターが紙とインクを使用するのに対して，3次元プリンターは粉末状のナイロンやアルミニウムのような素材を使って，物体を再現する。3次元プリンターは，連続した薄い膜を出力する。そしてこれらの膜は熱と圧力で接合され，立体の物体が成形される。物体のデザインは，製造元のウェブサイトからダウンロードすることができる。このように，壊れた携帯電話のカバーの交換部品を探す代わりに，人々は簡単にデザインを利用して自分の3次元プリンターで物体を印刷するようになるだろう。

(1) 近い将来
　　1 プリンターとして機能する携帯電話が店頭で売られるようになる。
　　2 プリンターには，壊れる可能性のある部品が今後はなくなるだろう。
　　3 人々は壊れた部品を差し換える新しい方法を手に入れるかもしれない。
　　4 人々が訪ねてきたら，製造元は新しい携帯電話を与えるようになる。
(2) どのように3次元プリンターは機能するか。
　　1 物質の膜を出力し，それらを物体へと成形する。
　　2 製造元が部品を作るのに利用できるデザインを作製する。
　　3 熱と圧力で紙を接合する。
　　4 型紙を作成し，粉末状のナイロンとアルミニウムを加える。

解説　繰り返し使われている 3-D printer (printing) が，明らかにこの文章のキーワードである。3-D の意味がわからなくても，第2段落第1文の 3-D printers can produce three-dimensional objects からその機能がわかる（3-D は three-dimensional の略）。逆接の But, 対比を表す While, 結果を表す Thus などが文章の展開を理解するヒントになる。(1) の正解肢 **3** は第1段落最後の文の内容の言い換えである。特に create their own replacement parts → replacing broken parts の言い換えに気付くことがポイント。(2) の正解肢 **1** は第2段落第3文，第4文の内容を要約したもの。

解答：(1) 3　(2) 1

次の英文 [A], [B] の内容に関して，(1) から (8) までの質問に対して最も適切な
ものを 1, 2, 3, 4 の中から一つ選びなさい。

[A]

From: Nancy Harris <nancy.harris@key1tech.net>
To: Samuel Paulson <samuelp@summittower.com>
Date: Tuesday, August 27
Subject: RE: Tenant Leases

Dear Mr. Paulson,

Thank you for sending me the details of your office vacancies at
Summit Tower. I must say the rates are a little high for some
floors. However, I do admit you have excellent facilities. I
especially like the fact the offices there look out over the city.
They would impress customers that visit us. Ours have been
redecorated, but they still don't look as nice as yours.

The space you offered on Floor 43 is quite reasonable. You
offered 5-, 7- and 10-year terms. However, we don't want an
agreement over so many years. We might want to change our
location in the near future so we'd like something shorter. We
would like to negotiate a lease that had a maximum of 2 to 3
years. We would be willing to move in immediately after closing a
deal—if the lease had that wording.

We also may be willing to pay a somewhat higher monthly rate
for a lease with such a reduced term.

Please e-mail me back at your convenience with your thoughts
on this. After that, we could speak about it in person.

Regards,

Nancy Harris
CEO
Key 1 Technologies

(1) Why does Summit Tower appeal to Nancy Harris?

    1 It has low vacancy rates.

    2 Her customers also have offices there.

    3 She thinks it is in a good location.

    4 Its service staff has a good reputation.

(2) What problem does Nancy Harris mention concerning the lease?

    1 Its price is too high for her company.

    2 The time commitments available are too long.

    3 Its closing date is too far in the future.

    4 The wording in the contract is a little unclear.

(3) What does Nancy Harris suggest to Mr. Paulson?

    1 She may continue with her current lease.

    2 She may discuss leases with a different company.

    3 She may pay more for better lease terms.

    4 She may ask for yearly instead of monthly rates.

発信人：ナンシー・ハリス <nancy.harris@key1tech.net>
宛　先：サミュエル・ポールソン <samuelp@summittower.com>
日　付：8月27日 火曜日
用　件：RE：テナント賃借契約

親愛なるポールソン様,

　サミットタワーの空き事務所の詳細をお送りいただき，ありがとうございます。いくつかの階は賃貸料が少し高いと言わざるを得ません。しかし，優れた施設をお持ちだということは全くそのとおりです。特にそこの事務所から街を見渡せるという点が，私は気に入っています。当社を訪ねてくる顧客に感銘を与えることでしょう。当社事務所は改装されましたが，そちらの物件ほどには立派に見えません。

　勧めていただいた43階のスペースは，値段が本当に手ごろです。あなたは，5年，7年，および10年の契約期間を提案なさいました。しかし，私たちはそれだけの長期にわたっての契約は望みません。近い将来，弊社は移転する必要が出てくるかもしれませんので，もう少し短期間のものを望みます。最長2～3年の賃借で話し合いをさせていただきたいと思います。賃借契約にその文言を入れていただけましたら，契約締結後すぐに入居させていただきたいと思います。

　また，もし期間を減らして賃借できるのでしたら，毎月の家賃がある程度高くなっても払うつもりもございます。

　この件に関するあなたのお考えを，ご都合のよろしいときにEメールでお送りください。それから直接話し合いをさせていただきたいと思います。敬具

ナンシー・ハリス
CEO
キーワンテクノロジー

(1) なぜサミットタワーを，ナンシー・ハリスは気に入っているのか。
1 そこは空室率が低い。
2 彼女の顧客の事務所もそこにある。
3 それが良い立地条件にあると彼女は思っている。
4 そこのサービス・スタッフの評判が良い。

第1段落第3文で，ナンシーは提供されている物件を excellent facilities である
と言い，続く文で具体的に，「街を見渡せる」点を挙げている。つまり「立地が良い」
(good location) 点が気に入ったのである。

解答 **3**

(2) ナンシー・ハリスは賃借契約に関してどのような問題に言及しているか。
1 彼女の会社にとって値段が高過ぎる。
2 利用できる契約義務期間が長過ぎる。
3 締め切り日があまりにも先過ぎる。
4 契約の文言が少し不明瞭である。

選択肢 **1** に引っ掛からないよう注意。第1段落第2文に the rates are a little high
for some floors とあるが，第2段落第1文で，勧められた43階のスペースは
reasonable「値段が手ごろだ」と言っている。第2段第2文以降を読めば，契約期
間が長過ぎることが問題であるとわかる。

解答 **2**

(3) ナンシー・ハリスは，ポールソン氏に何を提案しているか。
1 彼女は現在の賃借契約を継続するかもしれない。
2 彼女は別の会社と賃借契約について話し合うかもしれない。
3 彼女はより望ましい賃借期間に対してより多くの金額を払うかもしれない。
4 彼女は月ぎめの代わりに1年単位の賃借料を求めるかもしれない。

第3段落の内容が選択肢 **3** と合致する。a reduced term → better lease terms の言
い換えに注意。term「（契約）期間」がキーワードだが，この単語の意味を知らなくて
も，第2段落第2文での使い方から推測可能だ。

解答 **3**

[B]   Bat Sonar

Just as ships use sonar, or sound waves, to "look" underwater, bats use sonar to "see" in the dark. There are many differences between bat and ship sonar, however. Bat sonar (technically known as echolocation) has a shorter range but may actually be more complex than ship sonar. That is because bat sonar precisely guides the animal's smallest motions in a way ship sonar cannot.

Sonar relies on "the Doppler Shift," which is the effect motion and distance have on sound waves. The Doppler Shift can be explained by imagining the sound of an ambulance's siren. When an ambulance passes by, the pitch of the siren increases as it gets closer and, correspondingly, the pitch decreases when it is moving further away.

Bats also use the Doppler Shift effectively. They send out a sound wave that hits objects or animals before returning. This returning wave gives the bat information about its position in relation to obstacles, animals, or insects. The bat's brain processes the information from this wave and the bat adjusts its flight to avoid the obstacles or move toward the insects. Microseconds after that, it sends out a second sound wave. The second wave will include the bat's new relative position—based on information from the first wave. The third wave will include information from the second, and so on. A flying bat will normally send out a huge number of sound waves separated only by microseconds. Each new wave includes information from previous waves. This keeps the bat flying on target because it adjusts its flight based on information from each returning wave.

The speed of this process is far beyond the ability of the bat to consciously manage. The bat does not "decide" to send out sound waves, receive returning waves, and adjust its flight accordingly. The bat's central nervous system—its unconscious brain—processes this. The unconscious part of the brain analyzes the information returning to the bat's body to guide its flight. No conscious thought is necessary. Therefore, sonar-guided flight is as natural for bats as vision-guided walking is for humans.

(4) When comparing ship sonar and bat sonar, it can be seen that

1 ship sonar provides better echolocation.

2 ship sonar is a more complicated instrument.

3 bat sonar has a somewhat longer range.

4 bat sonar is a more accurate system.

(5) According to the passage, what is one thing bats use their sonar for?

1 To help them catch the food they eat.

2 To enable them to escape from dangerous animals.

3 To help them find places to nest.

4 To meet other bats during the reproduction season.

(6) What does the passage say about bats' sound waves?

1 Each new one is more powerful than past ones.

2 Each new one is processed quicker than past ones.

3 Each new one includes data from past ones.

4 Each new one goes in the same direction as past ones.

(7) In what way are bat flight and human walking similar?

1 Both occur without active thinking.

2 Both require strong physical ability.

3 Both use exactly the same part of the brain.

4 Both can speed up or slow down as necessary.

(8) Which of the following statements is true about bat sonar?

1 It is a nervous-system process very similar to human hearing.

2 It is a process that occurs naturally in the nervous system.

3 It shows that bats are less intelligent than humans.

4 It proves that sound is more efficient than vision.

Answers

コウモリのソナー

　ちょうど船が水中で「見る」ために，ソナーつまり音波を使用するように，コウモリは暗闇の中でも「見える」ようにソナーを使用する。しかし，コウモリと船のソナーの間には多くの違いがある。コウモリのソナー（専門的には，反響定位と呼ばれる）は範囲がより短いが，実は船のソナーより複雑かもしれないのだ。つまり，コウモリのソナーは船のソナーにはできないような方法で，動物のごく小さな動作を正確に教えるのである。

　ソナーは，「ドップラー偏移」，すなわち運動と距離が音波に与える効果に依存している。ドップラー偏移は，救急車のサイレンの音を想像することで説明できる。救急車が通り過ぎるとき，救急車が近づくに従って，サイレンの音の高さは高くなっていき，また同様に，救急車が遠ざかるに従って，音の高さは低くなっていく。

　コウモリもまた，効果的にドップラー偏移を利用している。彼らは音波を出し，音波は物体または動物に当たってから戻ってくる。この戻ってくる音波はコウモリに，障害物，動物または昆虫との相対的な位置情報を与える。コウモリの脳はこの音波からの情報を処理し，自分の飛び方を調節して障害を避けたり，昆虫へ向かったりする。その100万分の1秒単位の時間差で，コウモリは第2の音波を送る。第2の音波には，第1の音波の情報に基づいた，コウモリの新しい相対的位置の情報が含まれている。第3の音波には第2の音波からの情報が含まれている，というように続いていく。飛んでいるコウモリは通常，わずか100万分の1秒単位の間隔で膨大な数の音波を送り出している。それぞれの新しい音波は，過去の音波からの情報を含んでいる。戻ってくるそれぞれの音波からの情報に基づいて自分の飛行を調節するので，コウモリは目標に向かって飛び続けることができる。

　この過程の速度は，コウモリが意識的に処理できる能力をはるかに越えている。コウモリは音波を送り，戻ってくる音波を受け取り，それに従って飛び方を調節することを「決定している」わけではない。コウモリの中枢神経系—無意識の脳—がこれを処理するのである。脳の無意識の部分は，コウモリの体に戻ってきた音波情報を分析し，その飛び方を誘導する。意識的な思考は必要ない。従って，ソナーに誘導されたコウモリの飛行は，視力に誘導された人間の歩行と同様に，自然なことなのである。

(4)　船のソナーとコウモリのソナーを比較するとわかるのは
　1 船のソナーの方が，より優れた反響定位を提供する。
　2 船のソナーの方が，より複雑な器具である。
　3 コウモリのソナーの方が，範囲がいくらか長い。
　4 コウモリのソナーの方が，より正確なシステムである。

第1段落では船のソナーを引き合いに出し，コウモリのソナーの特徴を説明している。末文に bat sonar precisely guides … in a way ship sonar cannot. とある。

解答 4

(5) 文章によれば，コウモリがソナーを使用する目的の一つは何か。
1 自分たちが食べる餌を捕らえるのに役立てるため。
2 危険な動物から逃れることを可能にするため。
3 自分たちが巣を作る場所を見つけるのに役立てるため。
4 繁殖期にほかのコウモリに会うため。

第3段落に，コウモリがソナーを使う目的に関する具体的な記述があり，第4文中の the bat adjusts its flight to … move toward the insects. の部分から正解がわかる。move toward the insects → catch the food they eat の言い換えに注意。

解答 1

(6) 文章には，コウモリのソナーの音波について何と書いてあるか。
1 それぞれの新しい音波は，その前のものより強力である。
2 それぞれの新しい音波は，その前のものより速く処理される。
3 それぞれの新しい音波は，その前のもののデータを含んでいる。
4 それぞれの新しい音波は，その前のものと同じ方向に行く。

第3段落はコウモリの送る音波の具体的な解説となっている。こうした科学的な文を，イメージとして素早くとらえられるよう日ごろから練習しておきたい。正解は第6～第7文からわかる。

解答 3

(7) コウモリの飛行と人間が歩くことは，どのような点で類似しているか。
1 両方とも，能動的に考えることなく起こる。
2 両方とも，強い身体的能力を必要とする。
3 両方とも，脳の全く同じ部分を使用する。
4 両方とも，必要に応じて加速したり減速したりできる。

第4段落は，コウモリが音波情報の処理を無意識に行っているという内容で，最後の文で前文 No conscious thought is necessary. を Therefore「従って」で受け，コウモリのソナーによる飛行は，人間の歩行同様に自然だとしている。

解答 1

(8) 以下の記述のうちコウモリのソナーについて当てはまるのはどれか。
1 それは人間の聴覚に非常によく似た神経系処理過程である。
2 それは神経系において自然に起こる処理過程である。
3 それはコウモリが人間ほど知的でないことを明らかにする。
4 それは音が視覚より効率的であるということを証明する。

第4段落第3文でソナーの情報処理が central nervous system で行われるとある。同段落の内容から，この処理は「無意識に」「自然に」起こることがわかる。そのほかの選択肢の内容をサポートする記述はない。

解答 2

159

リスニング第１部

会話の内容一致選択②

今日の目標

パラフレーズとよく出る会話表現を攻略しよう！

ここでは，リスニング第１部の会話で用いられるパラフレーズと会話表現を扱う。パラフレーズとは「言い換え」のことで，放送文と質問文・選択肢との間で異なる単語や表現を用いて受験者が本当に内容を理解しているかを試している。また，会話に特有の表現を覚えよう。

POINT **1** パラフレーズ（言い換え）に注意しよう！

　放送文の語句と質問文や選択肢の語句が同一の問題の場合には，対応関係がわかりやすいので簡単に解答できることが多い。しかし，ほかの語句や表現にパラフレーズ（言い換え）されている問題の場合には，放送文の内容を正しく理解していなければ，解答するのが難しくなってしまう。パラフレーズには，①<u>単語・熟語を別の同義語（句）に言い換えている場合</u>，②<u>一つの事柄を異なる視点からの表現で言い換えている場合（能動態⇔受動態，肯定⇔否定，具体表現⇔抽象表現など）</u>などがある。特に第１部では，最も単純なパラフレーズである，「単語・熟語の言い換え」が多い。

　以下は，第１部の問題で実際に出題されたパラフレーズの例である。

例① 単語・熟語のパラフレーズ

　　「外国へ引っ越す」を異なる表現で言い換え

　　（放送文）transfer overseas →（選択肢）move abroad

　　「具合が悪い」を異なる表現で言い換え

　　（放送文）It upsets my stomach. →（選択肢）She feels sick.

例② 異なる視点からのパラフレーズ

　　「次はもっと早くウェブサイトを更新する」

　→「（今回は）ウェブサイトを更新するのが遅れた」

　　（放送文）update the website more quickly next time

　→（選択肢）was late updating the website

　　「パンツとスカートのみ試着が許されている」→「ブラウスは試着できない」

　　（放送文）We only allow customers to try on pants and skirts.

　→（選択肢）She is not allowed to try on any blouses.

POINT **2** よく出る会話表現をチェックしよう！

第１部の会話でよく出る「依頼」「許可」「勧誘」と，それに対する応答の表現を覚えよう。これらを覚えれば，リスニングがしやすくなるはずだ。

① 「依頼する」→「承諾」「断り」

Will you open the window? It's hot in here. — **Sure**.

（窓を開けてくれますか。暑いです。— いいですよ）

Can you give me your e-mail address? — **Why not?**

（メールアドレスを教えていただけますか。— もちろん）

Would you please carry this suitcase for me? — **Certainly**.

（このスーツケースを運んでいただけますか。— かしこまりました）

Could you tell me the way to the station? — **Sorry, I'm a stranger here**.

（駅への道を教えてくださいますか。— すみません，ここは不案内なのです）

② 「許可を求める」→「承諾」「断り」

Can I use your cell phone? — **No problem**.

（携帯電話をお借りしてもいいですか。— いいですよ）

May I speak to Mr. Oka, please? — **I'm sorry, but** he's out right now.

（オカさんとお話しできますか。— 申し訳ありません，ただ今外出中です）

Could I leave a message? — **Just a moment, please**.

（伝言を残してもいいですか。— 少々お待ちください）

Do you mind if I smoke here? — **No, I don't mind**.

（ここでタバコを吸ってもいいですか。— はい，構いませんよ）

③ 「勧誘する」→「承諾」「断り」

Shall we go to a movie tonight? — **Sounds great!**

（今晩映画を見に行きませんか。— いいですね！）

How about getting together for lunch tomorrow? — **Sorry, but** I can't make it.

（明日ランチを一緒にいかがですか。— 残念ですが都合がつきません）

Would you like to come to a party? — **With pleasure**.

（パーティーにいらっしゃいませんか。— 喜んで）

Why don't we go to see a baseball game on Sunday? — **I'd like to, but** I already have other plans.

（日曜日に野球を見に行きませんか。— そうしたいのですが，ほかに予定があるのです）

Practice (⊙ CD 36~45) ··

No. 1
1 Pay by credit card.
2 Sign the credit card receipt.
3 Wait until the sales start.
4 Pay in cash.

No. 2
1 It is cheap to backpack in Europe.
2 Europe is relatively safe to visit.
3 Her friend will meet her in Europe.
4 Europe is popular with backpackers.

No. 3
1 She will take a piano lesson after six o'clock.
2 She will have dinner with her friend before six o'clock.
3 She will take a piano lesson before having dinner with her friend.
4 She will have dinner while listening to piano music.

No. 4
1 Staying awake all night.
2 How to collect their mail.
3 Sending an important package.
4 Working out a budget.

No. 5
1 He doesn't know where to go.
2 He doesn't have any coins.
3 He doesn't know how to use the ticket machine.
4 He bought the wrong ticket.

No. 6 **1** He's too tired.

2 He'd rather go shopping.

3 He's too upset.

4 It's going to rain.

No. 7 **1** He is crossing a street.

2 He is standing on the corner of a street.

3 He is driving a car.

4 He is walking with his friends.

No. 8 **1** Ken's behavioral problems.

2 Ken's passive attitude in class.

3 Ken's academic performance.

4 Ken's frequent absences.

No. 9 **1** Bring back an item.

2 Get another sweater.

3 Receive a discount.

4 Speak to the manager.

No. 10 **1** About two weeks.

2 Twenty days.

3 About a week.

4 About a month.

No. 1

☆：This sweater is really beautiful, and such a nice color. How much is it, by the way?

★：$49.99. It's on sale. We are having a sale on all marked items today.

☆：Can I pay by credit card?

★：Sure, madam. If you'll just sign here.

Question: What does the store assistant ask the woman to do?

> ☆：このセーターは本当にすてき，色がすごくいいわ。ところで，いくらするんですか。
>
> ★：49 ドル 99 セントです。セール中ですよ。今日は印の付いた商品はすべてセール中なんです。
>
> ☆：クレジットカードで支払えますか。
>
> ★：もちろんです，お客様。こちらにサインしていただけますか。
>
> **質問**：店員は女性に何をするように頼んでいるか。
>
> 1 クレジットカードで支払う。
>
> 2 クレジットカード伝票に署名する。
>
> 3 セール開始まで待つ。
>
> 4 現金で支払う。

選択肢から，ショッピングの場面であることが推測できる。会話はもちろんのこと，質問文で何を問われているのかも正確に聞き取ろう。If you'll just sign here. の here は the credit card receipt を指している。

解答 2

No. 2

☆：Dad, I'm thinking of going backpacking in Europe this summer.

★：I don't think that's a good idea, Jenny. It could be dangerous.

☆：Do you really think so? I heard that Europe's crime rate is far lower than America's.

★：Maybe … but I'd still like you to think more about it. I'm not happy with the idea of a girl backpacking alone.

Question: What does Jenny tell her father?

> ☆：お父さん，今年の夏にヨーロッパにバックパック旅行に行こうと思っているの。
>
> ★：それはあまりいい考えではないね，ジェニー。危険だもの。
>
> ☆：本当にそう思っているの？ ヨーロッパの犯罪率はアメリカよりもずっと低いと聞いたわ。
>
> ★：たぶんそうかもしれないね，それでももっとよく考えてもらいたいんだ。女の子が一人でバックパック旅行をしようなんて，私は安心できないよ。
>
> **質問**：ジェニーは何を父親に言っているのか。
>
> 1 ヨーロッパでのバックパック旅行は安いこと。

2 ヨーロッパは訪れるには比較的に安全であること。

3 彼女の友達とヨーロッパで会うつもりだということ。

4 ヨーロッパがバックパック旅行者に人気があること。

選択肢からは，ヨーロッパへの旅行の会話ではないかと推測できる。女性の 2 つ目のせりふにある，Europe's crime rate is far lower than America's が選択肢 2 の内容と一致する。

解答 **2**

No. 3

★：Are you doing anything next Friday, Jane?

☆：Well, I have a piano lesson till six. But I'm free after the lesson.

★：Then can I see you sometime afterwards? Let's go out for dinner together. Do you like Italian food? I know a great place we could go to.

☆：I'd love to.

Question: What will Jane do next Friday?

> ★：今度の金曜日に何か予定はある，ジェーン？
>
> ☆：ええ，6 時までピアノのレッスンがあるわ。でも，レッスンの後は暇よ。
>
> ★：それじゃあ，その後いつか会えるかな？ 一緒に夕食を食べに行こうよ。イタリア料理は好きかい？ いい店を知ってるんだ。
>
> ☆：ぜひ。
>
> **質問**：ジェーンは今度の金曜日に何をするか。
>
> **1** 6 時以降にピアノのレッスンを受ける。
>
> **2** 6 時前に友人と食事をする。
>
> **3** 友人と食事をする前にピアノのレッスンを受ける。
>
> **4** ピアノの演奏を聴きながら食事をする。

選択肢に after ... や before ... などの表現があることからも，時間の前後関係の正確な聞き取りがポイントとなることがわかる。夕食に行くのは after the lesson「レッスンの後」と言っている。

解答 **3**

No. 4

☆：Should we send the models and contracts by special delivery?

★：Yes, they need to get there as quickly as possible.

☆：In that case, overnight mail would be better, but it is more expensive.

★：Never mind the cost. They must get there tomorrow or our clients will cancel the order.

Question: What is the couple discussing?

> ☆：その見本と契約書を速達で送ったほうがいいのかしら。
>
> ★：うん，できるだけ早くそこに届く必要があるんだ。

Answers

☆：それなら翌日配達便がいいけど，もっと高くなるわ。

★：お金は気にしなくていいよ。明日には届かなくてはならないんだ，じゃないと取引先が注文をキャンセルしてしまうよ。

質問：この男女は何を話しているか。

1 徹夜をすること。

2 郵便物の収集方法。

3 重要な小包を送ること。

4 経費を計算すること。

選択肢からはポイントが絞りづらいが，「どんなことをする［した］」ということに注意して聞けばよい。by special delivery「速達で」や overnight mail「翌日配達便」などをしっかり聞き取ろう。

解答 3

No. 5

★：Here's the ticket machine. Now what do I do?

☆：Just punch your destination button, George. Where do you want to go?

★：I'm going to Ginza, so I push this button. Ah, the fare comes up on the screen.

☆：Right. Now insert the coins, like this.

Question: What is George's problem?

> ★：ここに切符販売機があるね。さてどうやるのかな。
>
> ☆：ジョージ，目的地のボタンを押すだけでいいのよ。どこに行きたいの？
>
> ★：銀座に行くつもりなんだ，それで，このボタンを押すんだな。ああ，運賃が画面に出てきたよ。
>
> ☆：そうよ。それでこんなふうに硬貨を入れるのよ。
>
> 質問：ジョージは何に困っているのか。
>
> **1** どこに行ったらいいのかわからない。
>
> **2** 硬貨を持っていない。
>
> **3** 切符販売機の使い方がわからない。
>
> **4** 違う切符を買ってしまった。

選択肢 3，4 から，切符売り場での会話ではないかと推測できる。この問題は細かい語句の聞き取りよりも，会話がなされている状況の全体的な把握が重要である。

解答 3

No. 6

★：I'm really tired of all this rain.

☆：It's been forecast for the rest of the week, too.

★：Well, I guess I'll have to cancel playing golf tomorrow.

☆：That sounds like a plan. Actually, I was starting to run out of food and supplies, so going to the supermarket together is a good alternative.

Question: Why can't the man play golf tomorrow?

★：この雨には本当にうんざりだな。

☆：今週もまだずっと降り続くそうよ。

★：じゃあ，明日ゴルフをするのは中止にしなくてはならないだろうね。

☆：それはいいわね。実は，食材と生活必需品を切らし始めていたの。だから代わりに，一緒にスーパーマーケットに行くのがいいと思うわ。

質問：なぜ男性は明日ゴルフができないのか。

1 疲れ過ぎているから。

2 むしろ買い物に行きたいから。

3 混乱し過ぎているから。

4 雨が降るだろうから。

会話では，この男性は tired of all this rain「この雨にはうんざりだ」と言っているが，「疲れた」とは言っていないので，選択肢 **1** に引っ掛からないように注意。「雨の日が続くので，ゴルフができない」というのが，この会話の要点。

解答 **4**

No. 7

★：What terrible luck! We're caught in a traffic jam.

☆：Yoshio, what's that green and yellow sticker on the back of that car for?

★：That indicates the driver of that car has just gotten his driver's license.

☆：That's an interesting way to warn other drivers that the person driving may be inexperienced.

Question: What is Yoshio doing now?

★：本当についていないな！渋滞に巻き込まれたよ。

☆：ヨシオ，あの車の後ろにある緑と黄色のステッカーは何のためのものなの？

★：あの車のドライバーは運転免許を取ったばかりだということを示しているのさ。

☆：その運転中の人は経験が浅いことを，ほかのドライバーに警告する面白い方法ね。

質問：ヨシオは今，何をしているのか。

1 通りを横断している。

2 通りの角に立っている。

3 車を運転している。

4 友達と歩いている。

冒頭の We're caught in a traffic jam.「渋滞に巻き込まれた」というせりふから，ヨシオは車を運転していることがわかる。会話は初心者マークの話に及んでいるが，2 人は車内にいる。

解答 **3**

Answers

No. 8

☆：Good morning, Ken. Can I chat with you for a while?

★：Sure, Mrs. Smith. What would you like to talk about?

☆：Frankly, I'm worried about your slow progress in your studies. You may fail the course unless you study harder.

★：I've been really busy lately but I promise I'll study harder.

Question: What worries Mrs. Smith?

> ☆：おはよう，ケン。ちょっとお話しできる？
>
> ★：はい，スミス先生。何について話すんですか。
>
> ☆：率直に言って，あなたの勉強が遅れているのが気掛かりなの。もっと一生懸命に勉強しないと，落第するかもしれないわ。
>
> ★：最近は本当に忙しいんですけど，もっと一生懸命勉強すると約束します。
>
> **質問**：スミス先生は何を心配しているのか。
>
> **1** ケンの行動上の問題。
>
> **2** ケンの授業中の消極的な態度。
>
> **3** ケンの学業成績。
>
> **4** ケンの度重なる欠席。

選択肢には，ケンに関することが並ぶ。behavioral problems「行動上の問題」，passive attitude「消極的な態度」，academic performance「学業成績」，frequent absences「度重なる欠席」。会話では，どのような点が問題になっているかをよく聞き取ろう。

解答 3

No. 9

★：I'd like to return this sweater and get my money back, please. It's too big.

☆：OK, do you have a receipt?

★：No, I lost it. But I bought it here yesterday—in fact, I bought it from you, at 10 percent off the regular price.

☆：I'm sorry, sir, but our store policy requires a receipt.

Question: What does the customer want to do?

> ★：このセーターをお返しするので，代金を返却してほしいのです。大き過ぎたんですよ。
>
> ☆：かしこまりました，レシートはございますか。
>
> ★：いいえ，なくしてしまいました。でも昨日ここで買ったのです。実は，あなたから買ったんですよ，定価の 10 パーセント引きでした。
>
> ☆：申し訳ございませんが，当店の決まりでレシートが必要なのです。
>
> **質問**：客は何をしたいのか。
>
> **1** 商品を返却する。
>
> **2** 別のセーターを買う。
>
> **3** 値引きを受ける。
>
> **4** マネージャーと話す。

選択肢から，客と店員とのやりとりではないかと予測できる。正解は男性の最初のせりふ I'd like to return this sweater … からわかる。

解 答 1

No. 10

☆：I hear you're going to be married with Judy soon, Mike.

★：Yes, I am. Actually, I'm getting married on April 1st.

☆：Congratulations! You and Judy make a great couple. By the way, are you going on a honeymoon?

★：Yes, we're thinking about going to Hawaii from April 13th to the 20th.

Question: How long are Mike and his wife going to stay in Hawaii?

> ☆：マイク，もうすぐジュディと結婚するそうね。
> ★：そうなんだ。実は 4 月 1 日に結婚するんだ。
> ☆：おめでとう。あなたとジュディはお似合いのカップルね。ところで，新婚旅行には行くの？
> ★：うん，ハワイに 4 月 13 日から 20 日まで行こうと思っているんだ。
> **質問**：マイクと彼の妻はハワイにどのくらい滞在するつもりか。
> 1 約 2 週間。
> 2 20 日間。
> 3 約 1 週間。
> 4 約 1 カ月。

選択肢はいずれも期間を表しているので，リスニングのポイントは「どのくらいの期間か」ということになる。数値や時間などを答える問題では，単に数値などの聞き取りだけでなく，簡単な計算を要求される場合もあるので注意したい。

解 答 3

リスニング第2部

文の内容一致選択②

今日の目標

パラフレーズと重要な発音のパターンを攻略しよう!

ここでは，パラフレーズと重要な発音のパターンを扱う。パラフレーズは，第1部と同様に第2部でも問題を解くときの鍵になる。また，リスニング力強化のために，音の「強弱」「連結」「同化」「脱落」を学習しよう。

POINT 1 パラフレーズ（言い換え）に注意しよう!

第1部の会話と同様に，第2部の英文も「放送文の語句」と「質問文や選択肢の語句」がほかの単語や表現に言い換えられていることがある。こうした問題では，英文の内容を正確に理解していなければ正しい選択肢を選べない。パラフレーズの種類は第1部同様に，①単語・熟語を別の同義語（句）に言い換えている場合，②一つの事柄を異なる視点からの表現で言い換えている場合（能動態⇔受動態，肯定⇔否定，具体表現⇔抽象表現など）などがある。特に，第2部の英文は，第1部と比べて少し長いため，英文の中で複数回にわたってパラフレーズが繰り返される場合もあるので注意が必要だ。

以下は，実際に第2部で出題されたパラフレーズの例である。

例①　単語の言い換え

（放送文）love → prefer →（質問文）like

例②　異なる視点からの言い換え

（具体的）「リコピンは心臓病やがんから体を守るのに役立つ」

→（抽象的）「リコピンは人間の健康に良い」

（放送文）Lycopene helps protect the body from heart disease and cancer.

→（選択肢）It (Lycopene) is good for people's health.

（能動）「その会社の社長はニコルに支店の店長になりたいかどうかを尋ねた」

→（受動）「ニコルは昇進を打診された」

（放送文）… the company's president asked Nicole if she would like to become manager of the branch.

→（選択肢）She (Nicole) was offered a promotion.

POINT **2** 重要な発音のパターンをチェックしよう!

①強弱

　日本語が比較的平たんな発音であるのに対して，英語の音声は強弱の差がはっきりしたリズムを持っている。一般に，<u>単独で特定の意味を持つもの</u>（動詞・名詞・形容詞・副詞・数詞・疑問詞・感嘆詞・所有代名詞・不定代名詞など）は強く発音されるのに対して，<u>単独では特定の意味を持たないもの</u>（前置詞・冠詞・接続詞・助動詞・be 動詞・人称代名詞・関係代名詞など）は通常は強く発音されない。例えば，下の英文では太字の部分が強く発音される。

・ **Amy likes** a **cup** of **tea** with **lemon** in the **morning**.

・ **Remember** to **lock** the **door** when you **leave** this **room**.

・ Do you **know what time** he **wants** to **come over**?

・ The **car** should have been **painted** a **different color**.

②連結

　複数の単語間において，先行する単語の末尾が子音で，後に続く語頭が母音のときは子音と母音がつながって 1 語のように発音される。この現象を「音の連結」と言う。

an apple [ən æpl]→[ənæpl]　　　　　　take it [teɪk ɪt]→[teɪkɪt]

put out [put aut]→[putaut]　　　　　　open it [oupən ɪt]→[oupənɪt]

in an hour [ɪn ən auər]→[ɪnənauər]

③同化

　隣接し合う 2 つの音が互いに影響し合って両者に似た性質を持つ別の音に変化する現象を「音の同化 (assimilation)」と言う。

/t/+/j/→/tʃ/　next year [nekst jəː]→[nekstʃəː]　meet you [miːt juː]→[miːtʃuː]

/d/+/j/→/dʒ/　Could you　[kud juː]→[kudʒuː]　Did you　[dɪd juː]→[dɪdʒuː]

/s/+/j/→/ʃ/　this year [ðɪs jəː]→[ðɪʃəː]　miss you [mɪs juː]→[mɪʃuː]

/z/+/j/→/ʒ/　as yet [əz jet]→[əʒet]　as you know [əz ju nou]→[əʒunou]

④脱落

　発話のスピードが速いとき，発音されないで音が抜け落ちる現象のことを「音の脱落 (elision)」と言う。母音の中で脱落が最も著しいのは /ə/ の音で，子音の中では /t/ と /d/ の音が脱落することが多い。

/ə/　camera [kæm(ə)rə]　family [fæm(ə)li]　university [juːnɪvəːrs(ə)ti]
　　　history [hɪst(ə)ri] natural [nætʃ(ə)rəl]　temperature [temp(ə)rətʃər]

/t/　exactly [ɪgzæk(t)li]　mostly [mous(t)li]　postcard [pous(t)kɑːrd]
　　　coastguard [kous(t)gɑːrd]

/d/　handbag [hæn(d)bæg]　kindness [kaɪn(d)nəs]　landscape [læn(d)skeɪp]
　　　landlord [læn(d)lɔːrd]　windmill [wɪn(d)mɪl]

英文を聞き，その質問に対して最も適切なものを **1, 2, 3, 4** の中から一つ選びなさい。解答時間はそれぞれ 10 秒です。

No. 1
1 He needs to find new work.
2 He faces a difficult choice.
3 He can't find an apartment downtown.
4 He can't sell his car.

No. 2
1 Michiko lost her cell phone.
2 Michiko forgot to pay her bill.
3 Michiko has not come home from school.
4 Michiko has an expensive cell phone bill.

No. 3
1 To help his sister.
2 To grow his own vegetables.
3 To reduce his tension.
4 To sell roses and sunflowers.

No. 4
1 She cannot afford the money to hire a baby-sitter.
2 She cannot find a baby sitter.
3 She doesn't like a baby sitter to take care of her daughter.
4 She wants to stay with her daughter all the time.

No. 5
1 It is impossible to avoid associating with people.
2 People sometimes disturb each other too easily.
3 People can become widely separated.
4 It is impossible to join associations.

No. 6　**1** She became the best student in the class.

　　　　2 She helped one of her classmates.

　　　　3 Her course marks got better.

　　　　4 Her health slowly improved.

No. 7　**1** He is happy being a dishwasher.

　　　　2 He spends most of his time alone.

　　　　3 He sometimes gets tips from customers.

　　　　4 He is better paid than the waiters.

No. 8　**1** He was too tired.

　　　　2 He hadn't felt like it.

　　　　3 He didn't come home.

　　　　4 He lost his diary.

No. 9　**1** Hiro did not usually catch the train.

　　　　2 Hiro said he was still at university.

　　　　3 Hiro said he has a family.

　　　　4 Hiro did not remember Ryu.

No. 10　**1** She has to give money back to her friends.

　　　　2 She wants to buy some coffee.

　　　　3 She likes working.

　　　　4 She needs some money to go abroad.

Answers 🔘 CD 46~55

No. 1

Frank is looking at new apartments, but is having some trouble. Some are large, but far away from town. He would have to drive his car a long way to work each day. Apartments downtown are smaller and conveniently close to almost everything, but are much more expensive. At the moment, he still doesn't know what he will do.

Question: Why is Frank having trouble?

> フランクは新しいアパートを下見しているのだが，いくつか問題がある。広い物件はあるのだが，町から遠い。彼は毎日仕事に行くのに長距離を車で運転しなければならないだろう。ダウンタウンのアパートは，より狭くて，ほとんど何でも近くにあって便利だが，ずっと高い。今のところは，彼はどうするか，まだわからない。
>
> **質問：**なぜフランクは困っているのか。
> **1** 新しい仕事を探す必要があるから。
> **2** 難しい選択に直面しているから。
> **3** ダウンタウンにアパートを見つけることができないから。
> **4** 自分の車を売れないから。

選択肢の内容が多様なので，放送文が流れる前の段階では英文内容を想像しづらい。正解は選択肢 **2** だが，放送文をすべて聞かなければ解答できない問題である。

解答 2

No. 2

Mr. Sato usually pays his daughter Michiko's cell phone bills. This month, he discovered that his daughter's bill was double what it normally is. Mr. Sato became angry because he had always told his daughter to spend less time on her cell phone and study more. Mr. Sato plans to talk with his daughter about this problem when she gets home from school.

Question: Why is Mr. Sato angry?

> サトウさんはいつも娘のミチコの携帯電話料金を支払っている。今月，彼は娘の電話料金の請求額が通常の倍になっているのに気付いた。いつも娘に携帯電話の利用時間を抑えてもっと勉強するように言っていたので，サトウさんは怒った。サトウさんは娘が学校から帰宅したらこの問題を話し合うつもりだ。
>
> **質問：**なぜサトウさんは怒っているのか。
> **1** ミチコが携帯電話を失くしたから。
> **2** ミチコが料金の支払いを忘れたから。
> **3** ミチコが学校から帰宅しないから。
> **4** ミチコが携帯電話の高額な請求書を受けているから。

選択肢にはミチコについての問題が並んでいる。問われているのはサトウさんが怒っている理由で，第2～第3文に述べられている。

解答 4

No. 3

Brad was looking for a relaxing hobby to relieve his stress. His sister recommended gardening. She told him it was good outdoor exercise and very peaceful. At first, he wasn't sure, but he decided to try it. After a while, Brad had to admit that planting and caring for roses and sunflowers gave him a nice, calm feeling.

Question: Why did Brad take up gardening?

> ブラッドはストレスを和らげるために，リラックスできる趣味を探していた。彼の姉（妹）はガーデニングを勧めた。彼女は，ガーデニングが屋外でのよい運動でとても気持ちが安らぐと言った。最初は信じられなかったが，やってみることに決めた。しばらくして，ブラッドはバラやヒマワリを植えたり世話をすることで，楽しく穏やかな気持ちになることを認めざるをえなかった。
>
> **質問**：なぜブラッドはガーデニングを始めたのか。
> 1　彼の姉（妹）を手伝うため。
> 2　自分の野菜を育てるため。
> 3　彼のストレスを軽減するため。
> 4　バラとヒマワリを売るため。

正解の決め手となるのは第1文だが，この部分を聞いた時点で解答することはできない。放送文全体の内容から答えを導く問題。（放送文）to relieve his stress. →（選択肢）To reduce his tension. と言い換えられている点に注意。

解答 **3**

No. 4

After getting married Ms. Sato continued working for 5 years, but then she quit her job to have a baby. Now that her daughter Tomoko is three years old, she is considering going back to her job. Her problem is that she cannot find anyone who can look after her daughter while she's at work.

Question: What is Ms. Sato's problem?

> サトウさんは結婚をした後，5年間仕事を続けたが，その後，出産のために仕事を辞めた。しかし，彼女は娘のトモコが3歳になったので，仕事に復帰しようと考えている。問題は，仕事をしている間に子どもの世話をしてくれる人が見つからないことである。
>
> **質問**：サトウさんの問題は何か。
> 1　ベビーシッターを雇う金銭的な余裕がない。
> 2　ベビーシッターを見つけることができない。
> 3　ベビーシッターに娘の世話をしてもらいたくない。
> 4　ずっと娘と一緒にいたい。

選択肢からは娘のベビーシッターの話であると予測できる。正解は最後の文からわかる。

解答 **2**

Answers

No. 5

Modern inventions, such as the internet and cell phones have at last made it convenient for people even in widely separated areas to associate with one another. They have made it almost impossible for them to avoid doing so. But this close association sometimes brings trouble, because people get in each other's way quite easily.

Question: Why does close association sometimes bring trouble?

> インターネットや携帯電話のような現代の発明品によって，今や遠く離れた地域の人々とでさえ，手軽に交流できるようになった。交流を避けるということは，ほとんど不可能になった。しかし，この親密な交流は時として問題を引き起こすこともある。なぜなら，人々は極めて簡単にお互い干渉し合うことになるからである。
>
> **質問：**なぜ親密な交流は時として問題を引き起こすのか。
> 1 人々と交流しないようにすることは不可能であるから。
> 2 人々は時に，いとも容易にお互いに迷惑を掛けることがあるから。
> 3 人々は遠くに離れて暮らすことができるから。
> 4 交流の輪に参加することは不可能であるから。

（放送文）people get in each other's way「互いに干渉し合う」→（選択肢）People sometimes disturb each other「互いに迷惑を掛ける」の言い換えに注意。リスニングでは表面的な表現だけでなく，内容をとらえることも重要である。

解答 2

No. 6

Richard was one of the best students in his class, but he had to spend a lot of time studying. He noticed that one of his classmates, Jill, was not doing too well in the class. Although he was busy, he offered to tutor her. With his help, Jill's grades slowly got better.

Question: What happened to Jill?

> リチャードはクラスで最も優秀な生徒の一人だが，多くの時間を勉強に費やさなくてはならなかった。彼はクラスメートのジルがクラスではあまりできないことに気付いた。彼は忙しかったけれども，彼女を個人指導することを申し出た。彼の助けのおかげで，ジルの成績は徐々に良くなった。
>
> **質問：**ジルに何が起こったか。
> 1 彼女はクラスで一番の生徒になった。
> 2 彼女はクラスメートの一人を助けた。
> 3 彼女の授業の成績が良くなった。
> 4 彼女の健康が徐々に改善された。

選択肢から学校でのできごとについての会話であることが予測できる。正解は，he offered to tutor her. With his help, Jill's grades slowly got better. の部分からわかる。（放送文）Jill's grades slowly got better →（選択肢）Her course marks got better. と言い

換えられていることに注意しよう。

解答 **3**

No. 7

Jack works as a dishwasher at a restaurant in the summer. He knows all the waiters, waitresses, and cooks. He also gets to know a lot of regular customers. The pay is low, and he doesn't get any tips. Even so, he likes the job a lot because he has made many friends there and hopes to keep them forever.

Question: What do we learn about Jack?

> ジャックは夏にレストランで皿洗いとして働いている。彼はすべてのウエーター，ウエートレス，コックを知っている。彼はまた，たくさんの常連の客も知るようになった。給料は安く，チップは全く受け取っていない。それでも，仕事が大好きなのは，そこで多くの友達ができ，彼らとずっと付き合っていくことを望んでいるからである。
>
> **質問**：ジャックについて何がわかるか。
> **1** 皿洗いであることが幸せである。
> **2** 一人でほとんどの時間を過ごす。
> **3** 時々客からチップをもらう。
> **4** ウエーターより給料がよい。

選択肢からレストラン業務に関する話題であることが予測できる。正解の決め手となるのは最後の文だが，ジャックが皿洗いの仕事をしているという内容は，最初の文にしか出てこないのでここも聞き逃さないように。(放送文) he likes the job a lot → (選択肢) He is happy being a dishwasher. という言い換えに注意。

解答 **1**

No. 8

Jim usually writes in his diary before going to bed. He does this so he can reflect on his day. But today he had to work overtime to write a report on a new project, so he came home late at night. He decided not to write in his diary tonight because he was worn out.

Question: Why did Jim decide not to write in his diary?

> ジムはたいてい寝る前に日記を書く。その日のことを顧みるようにするためだ。しかし，今日，彼は新しい企画のレポートを書くために残業をしなければならず，それで夜遅く家に帰宅した。彼は疲れ切っていたので，今夜は日記を書かないことに決めた。
>
> **質問**：なぜジムは日記を書かないことにしたのか。
> **1** 彼は疲れ過ぎていたから。
> **2** 彼はそうする気になれなかったから。
> **3** 彼は家に帰って来なかったから。
> **4** 彼は日記をなくしたから。

177

Answers

選択肢には「彼」に関するあまり好ましくないことが並んでいるので，それを頭に入れて放送文を聞くようにしよう。*be* worn out は「疲れ切っている」(= *be* exhausted) という意味。

解答 1

No. 9

When Ryu got onto the train yesterday, he noticed a familiar face. It was his old university friend Hiro. He was surprised to hear that Hiro is now married with a 5-year-old son. Ryu told Hiro that he is still single. When Ryu got home, he thought about how quickly time had passed since he had left college. He realized that although he and Hiro had once been so similar, they were now leading very different lives.

Question: Why was Ryu surprised when he met Hiro?

> 昨日，リュウは電車に乗っていた時になじみの顔に気付いた。昔の大学時代の友人のヒロだった。彼はヒロが今は結婚して5歳の息子がいることを聞いて驚いた。リュウはヒロに自分はまだ独身だと言った。リュウは帰宅すると大学を出てからいかに時が速く過ぎたことかと思った。自分とヒロは以前は似た者同士だったけれども，今では全く異なる生活を送っていることに気付いた。
>
> **質問**：なぜリュウはヒロに会った時に驚いたのか。
> 1 ヒロがいつもは電車に乗らなかったから。
> 2 ヒロがまだ大学にいると言ったから。
> 3 ヒロが家族がいると言ったから。
> 4 ヒロがリュウのことを覚えていなかったから。

質問ではリュウが驚いた理由が問われている。第3文 He was surprised to hear that Hiro is now married with a 5-year-old son. にその理由がある。

解答 3

No. 10

Akiko has worked part-time as a waitress at a coffee shop in a shopping center since last month. She works twice a week, from four to eight. The reason she started working was that she wanted to make enough money to go to Europe during her summer vacation.

Question: Why is Akiko working now?

> アキコは先月からショッピングセンターの喫茶店で，ウエートレスとしてアルバイトをしている。彼女は週に2回，4時から8時まで働く。彼女が働き始めた理由は，夏休みにヨーロッパに行くお金を稼ぎたいからであった。
>
> **質問**：なぜアキコは現在働いているのか。
> 1 友だちにお金を返さなければならないから。
> 2 コーヒーをいくらか買いたいから。
> 3 働くことが好きだから。

4 外国に行くお金が必要だから。

第3文 The reason she started working was that ...「彼女が働き始めた理由は〜」の that
以下が選択肢 4 の内容と一致する。

解答 **4**

実力完成模擬テスト

解答用紙は P. 232

1 次の **(1)** から **(20)** までの（　　　）に入れるのに最も適切なものを **1**, **2**, **3**, **4** の中から一つ選び，その番号を解答用紙の所定欄にマークしなさい。

(1) *A:* Do you know how long Kelli will stay in Paris?

　　　B: She said she would be there for about a year while she (　　　) in a French language program.

　　　1 participates　**2** persuades　**3** conflicts　**4** conforms

(2) The finance (　　　) had a difficult decision to make concerning the nation's budget for the coming year.

　　　1 heritage　　**2** relationship　**3** majority　　**4** minister

(3) The writer gained a (　　　) for outstanding work after her latest book, *Fire in the Wind*, became a best-seller.

　　　1 representative　**2** reputation　**3** display　　**4** favor

(4) Jason was amazed by his first trip to an African village, and (　　　) much of his time there to studying the local culture.

　　　1 regained　　**2** connected　**3** devoted　　**4** translated

(5) First, the professor gave a general outline of the main topic of her lecture. Then, she changed the (　　　) to look at the details.

　　　1 illustration　**2** approval　**3** correction　**4** focus

(6) There is a clear (　　　) between bats and birds. Birds lay eggs and bats give birth.

　　　1 distinction　**2** foundation　**3** construction　**4** execution

(7) At the job interview for the big company, Tom tried to ( ) his new marketing ideas effectively to the interviewers.

1 refuse   **2** communicate **3** cooperate   **4** earn

(8) When Steve saw the small fire at his office, he ( ) put it out. The fire department later said his quick reaction may have saved many lives.

1 relatively   **2** immediately **3** increasingly **4** unnaturally

(9) At Jim's community center, there are ( ) courses available, including flower arranging, painting, and foreign-language learning.

1 violent   **2** extreme   **3** various   **4** strict

(10) *A:* I heard our company is reducing the marketing budget.

B: Yes, we're going to ( ) another company to do our marketing for us. It should save us money.

1 assign   **2** assume   **3** commute   **4** occupy

(11) Although Susan wanted a pay raise, every time she saw the boss, she was too nervous to ( ) the subject.

1 break on   **2** bring up   **3** make up   **4** catch on

(12) Visitors to any foreign country are ( ) its laws, and so they should be sure to obey them during their stay.

1 gained on   **2** fallen for   **3** devoted to   **4** subject to

(13) Sandy always manages to ( ) on with her job, even when she's under a lot of pressure.

1 do   **2** carry   **3** make   **4** put

(14) Asako was shocked to see that she would have to ( ) on last year's champion in the first round of the school tournament.

1 turn   **2** get   **3** take   **4** break

(15) Mike and Jerry worked on repairing the engine by (   ). This gave each of them a chance to rest.

1 turns   2 positions   3 places   4 levels

(16) Since Jun joined as a striker, he has made a big (   ) to the school soccer team. Last year, they only won 3 times, but this year they have already won 10 times.

1 proposal   2 knowledge   3 patrol   4 difference

(17) When Arlene moved house, she was not (   ) of the rules for throwing away trash at her new home, so she had to ask her neighbors.

1 angry   2 familiar   3 aware   4 bad

(18) *A:* Excuse me, I'm looking for a microwave oven.

B: Certainly, ma'am. This one is nice. Food cooked in it will taste better than (   ) cooked in cheaper models.

1 this   2 that   3 which   4 these

(19) If Marvin (   ) faster when he was a teenager, he probably would have been a member of the school athletic team.

1 were being   2 had been   3 have been   4 can be

(20) Most of the goods (   ) in my store are fresh foods like milk and cheese, but I also have some of the more common canned goods.

1 to sell   2 sold   3 sells   4 sell

2 次の英文がそれぞれ完成した文章になるように，その文意にそって **(21)** から **(25)** までの **1** から **5** を並べ替えなさい。そして **2** 番目と **4** 番目にくる最も適切なものを一つずつ選び，その番号を解答用紙の所定欄にマークしなさい。ただし，(   ) の中では文頭にくる語も小文字で示してあります。

(21) Tina is both a top student and a great athlete. (   ), she gets straight A's in all of her courses.

1 leading	2 as well	3 the
4 as	5 volleyball team	

(22) People (   ) safer and more comfortable than people in big cities like Los Angeles.

1 live	2 small towns	3 in
4 often feel	5 who	

(23) Since Ichiro walked Helen home from school, he (   ) dinner by her parents.

1 invited	2 for	3 stay
4 to	5 was	

(24) *A:* Bob, it looks like nearly everyone got full marks on yesterday's math test.

B: Yeah, I know. It was just (   ), wasn't it?

1 be boring	2 so	3 as
4 easy	5 to	

(25) *A:* Look at this leaflet. It says if we invest $1,000 dollars, we can make another $1,000 in interest.

B: Honey, you (   ) believe that. It can't be true.

1 better	2 should	3 know
4 to	5 than	

次の英文 [A], [B] を読み，その文意にそって (26) から (33) までの
（　　）に入れるのに最も適切なものを 1, 2, 3, 4 の中から一つ選び，その番
号を解答用紙の所定欄にマークしなさい。

[A]　　　　　　　　**Bionics**

Artificial arms or legs help physically challenged people move around. Most artificial limbs, however, are still very limited. They don't have the flexibility or strength of real human arms or legs. So some scientists have accepted the challenge of (　26　) more complex devices. These scientists work in the field of biomimetics, more commonly known as bionics.

Creating bionic arms that can (　27　) much more than normal human arms is actually not especially difficult. Such robotic-type arms are common in many modern factories. Bionic eyes that can zoom in or out like camera lenses are also not difficult to create. The problem is linking these sorts of advanced machines to the human body.

One problem is that the nervous system—the cells that connect the brain to the rest of the body—is extremely complex. A true bionic arm would have to somehow connect to the millions of nerve cells at the shoulder. A bionic eye would also have to link to those in the eyeball in order for it to be useful. Scientists do not fully understand how to do this, and so progress has thus been (　28　) slow. We are far from developing bionic legs that would allow physically challenged people to walk or bionic eyes that would permit the visually challenged to see.

More breakthroughs have occurred, however, with bionics that can improve the strength of people who are not physically challenged. These bionics do not need to connect to human nerve cell endings. Instead, they are placed outside or on top of a healthy person. Some of these new "exoskeletons" worn on the human body enable wearers to lift large objects or work with industrial tools more precisely. Scientists continue to (　29　) up with ways to improve the human body from its natural state.

(26)　1 constructing　2 gathering　3 participating　4 succeeding
(27)　1 compensate　2 acquire　3 cooperate　4 achieve
(28)　1 devotedly　2 randomly　3 accordingly　4 securely
(29)　1 relate　2 come　3 find　4 suit

[B]　Netiquette

The Internet provides people all over the world with the chance to send all sorts of information more freely than ever before. This has made the Internet a (　**30**　) part of our lives. Without it, many businesses could not survive.

The Internet also allows users to read or post information anonymously, without anyone else knowing. At the same time, though, some people have used this anonymity to do bad things. They have made Web posts that hurt people's feelings, or sent angry or rude e-mails. Some people have posted private images or even retold other people's private stories without permission. To help reduce these problems, a new trend called "Netiquette" has (　**31**　).

Netiquette has many rules. The first one is to do nothing online that you wouldn't do offline. That includes avoiding hurting anyone's feeling in posts or e-mails. Also, you should not (　**32**　) it for granted that no one knows who you are on the Internet. The latest technology can find out who posted information. Users should imagine that every e-mail or posting they make is like an open letter—even if their real name is not attached. E-mails are sometimes forwarded from person to person and could end up anywhere—even on the nightly news.

Moreover, Netiquette means being more polite in e-mails or postings. That's because you can't use body language or other visual information online. Add an additional bit of politeness to your e-mails or postings to make sure you are not writing anything rude or hurtful. Basically, you should (　**33**　) responsibility for anything you post. That means you should never upload or post any image or information that you know to be false. These manners should be followed by Internet users everywhere, whether they live in America, India, Egypt, or China.

(30)	**1** prospective	**2** descriptive	**3** vital	**4** sufficient
(31)	**1** compelled	**2** informed	**3** ensured	**4** emerged
(32)	**1** seek	**2** fit	**3** look	**4** take
(33)	**1** assume	**2** verify	**3** instruct	**4** review

次の英文 [A], [B], [C] の内容に関して，(34) から (45) までの質問に対して最も適切なもの，または文を完成させるのに最も適切なものを 1, 2, 3, 4 の中から一つ選び，その番号を解答用紙の所定欄にマークしなさい。

[A]

From: ⟨tara.steigler@blakewell.net⟩
To: ⟨tom.winston@ace1manufacturing.com⟩
Date: April 24, 2009
Subject: Last Meeting

Dear Mr. Winston,

Thank you for agreeing to meet me yesterday on such short notice to hear my presentation. I could only give you a brief overview of what our company does at that time. I've attached a more detailed digital brochure about us.

I know that when we spoke you had some concerns about our prices. Specifically, you noted they are about 15% higher than most of our competitors. We do understand why this may seem too expensive. However, we normally charge more because our service is world-class. In the digital brochure, you will be able to read about other major clients who are very satisfied with everything we have done for them. We not only take care of all your accounting needs but also provide regular consulting on financial techniques and laws. Our wide range of services is included in the price quote we give you.

After taking a look at the attached materials, I hope we can meet again soon to discuss how our company can be of help to you.
Sincerely,

Tara Steigler
Senior Associate
Blakewell Accounting & Consulting

(34) What did Ms. Steigler do yesterday?

    1 Gave Mr. Winston an introduction to her company's services.

    2 Asked Mr. Winston to join her digital accounting company.

    3 Told Mr. Winston about a new accounting position.

    4 Accepted Mr. Winston's offer to print product brochures.

(35) What does Ms. Steigler say about her company?

    1 It offers some of the most reasonable prices.

    2 It fully supports all its clients' needs.

    3 It has branches in many different countries.

    4 It gives money back if the service is inadequate.

(36) Ms. Steigler says that Mr. Winston should

    1 review the most recent accounting laws.

    2 sign and return the enclosed materials.

    3 meet with her again shortly.

    4 tell her more about his company.

[B]   Deforestation

Many people are concerned about pollution from factories or cars that causes higher levels of carbon dioxide (CO_2). High levels of CO_2 lead to global warming. However, the loss of trees is an even more serious factor than pollution. When trees are cut down in very large numbers, this is known as deforestation—a process that is responsible for 90% of the rise in CO_2. The heavy relative impact of deforestation is causing environmentalists great concern.

The visual results of deforestation are obvious to everyone. Only a small portion of the trees that existed in 17th-century America remains today. The same is true for most of Europe. The deep forests of the old American Midwest or the German plains have largely been cleared away. Deforestation has slowed in North America and Europe since the 20th century. Yet in many areas of the developing world, it has sped up at an alarming rate. This is especially true in the rainforests of Southeast Asia and Brazil.

There are many reasons why these countries have seen rapid increases in deforestation. In both of these areas, large numbers of poor people have been forced off farmland and into rainforest areas. These landless people may become "slash and burn" farmers. They go from place to place in these rainforests, burning down trees. Afterwards, they plant crops in the tree ashes. After the crops have grown, they move onto another area of the rainforest and repeat these actions.

Logging companies also cut down wide areas of rainforests. They use the trees to make a variety of paper-based materials. Developing-country governments hesitate to limit this kind of activity because it helps them grow economically. Thailand and Indonesia, for instance, are two of the world's largest wood exporters. Although corporations or slash and burn farmers may get short-term gains, the damage done to the rainforests and our atmosphere is enormous. As trees fall around the world, our earth can only get hotter and the air dirtier. This should be considered by companies who profit from activities in the world's forests.

(37) Why is deforestation thought to be a worse problem than pollution?

　1 There are far more trees than cars or factories.

　2 High CO_2 levels kill large areas of trees.

　3 Tree shortages contribute to climate change.

　4 Global warming is causing the deaths of many trees.

(38) What is one thing we learn from the passage about deforestation?

　1 National policies concerning it are unclear around the world.

　2 Developing nations now are contributing more to the problem.

　3 Developed countries increased it in the mid-20th century.

　4 America and Europe have different experiences with it.

(39) Poor people sometimes cause deforestation by

　1 leaving rainforests to start up new farms elsewhere.

　2 causing accidental fires that burn their crops.

　3 using harmful agricultural methods.

　4 farming in one area for a very long time.

(40) What does the passage suggest might happen if logging continues?

　1 Economic development may start to slow down.

　2 Governments might start to restrict it.

　3 The costs involved may soon outweigh any benefits.

　4 We may run out of paper products.

[C]   The Water Cycle

The earth is a "closed system." This means that things on it cannot leave, and new things cannot be added. This also includes water. All the water on earth today was there billions of years ago. The water you drank in a cup this morning may have been drunk thousands of years ago by someone else. This is possible because of the water cycle.

The vast majority of water—about 95%—is "stored" in the world's oceans. Water may stay there for hundreds or even thousands of years. Some water changes its state within the cycle: from solid to liquid to gas. Water in oceans, lakes, or streams may sometimes go down deep into the earth and become groundwater. Other water may evaporate into the air. That evaporated water may later return to earth as rain or snow. Rain or snow, in turn, may either freeze into ice or melt into groundwater or evaporate back into the atmosphere. There are actually nine different ways that the earth's water may change within the water cycle.

There is no real start or finish to the cycle. Water simply moves through it based on climate and geological changes. The water cycle itself is in fact part of other systems, like geology and climate. Research about the water cycle therefore includes those fields as well.

The water cycle is crucial to our survival but it is being affected by human activities. Global warming causes ice to melt near the earth's north and south poles. That results in more water in the oceans. Too much ocean water may eventually cause flooding along coastal regions where people live. In other areas, that same global warming is causing water bodies like the Aral Sea to dry up. Increasing amounts of concrete in cities also prevent water from going into the earth to become groundwater. As a result, the free circulation of water through its cycle is being blocked.

Fertilizers and other human-made chemicals that leak into rivers or ponds poison water as it moves through the cycle: this is how chemicals dumped in the earth may help cause "acid rain." If something is not done soon to improve the water cycle, life on this planet could be in serious danger.

(41) The earth's closed system means that
    1 the total global volume of water cannot change.
    2 the water drunk today differs from water drunk in the past.
    3 the climate cycle cannot affect the water cycle.
    4 the water on earth today cannot remain for billions more years.

(42) What is true about most water in the water cycle?
    1 It rarely changes from one form to another.
    2 It remains as a form of gas in the air.
    3 It is lying in the world's saltwater bodies.
    4 It is moving from oceans to rivers and lakes.

(43) Water moves through the water cycle due to
    1 natural progression from a start to finish point.
    2 the effects of weather and earth surface conditions.
    3 water leaving the climate to impact the soil.
    4 enlargement or shrinking of the cycle itself.

(44) How have humans negatively affected the water cycle?
    1 They have built cities too close to large seas.
    2 They have prevented water from moving naturally.
    3 They have excessively used groundwater.
    4 They have taken water to make chemicals with.

(45) Which of the following statements is true?
    1 Most ocean water remains there for only a few years.
    2 Water goes through nine states before entering the water cycle.
    3 Researchers study climate, geology, and the water cycle separately.
    4 Human impact on the world's water cycle is increasing.

２級リスニングテストについて

1 このリスニングテストには，第１部と第２部があります。
★英文はすべて一度しか読まれません。
第１部：対話を聞き，その質問に対して最も適切なものを 1, 2, 3, 4 の中から一つ選びなさい。
第２部：英文を聞き，その質問に対して最も適切なものを 1, 2, 3, 4 の中から一つ選びなさい。

2 No. 30 のあと 10 秒すると試験終了の合図がありますので，筆記用具を置いてください。

┃第 1 部

● CD 56~71

No. 1　1 The client will visit her.
　　　　2 There was a problem finding tickets.
　　　　3 The business meeting was canceled.
　　　　4 There will be a conference on the Internet.

No. 2　1 He feels healthy already.
　　　　2 He is too busy with his job.
　　　　3 He is unable to find a good gym.
　　　　4 He doesn't care about his weight.

No. 3　1 Assistance with his Spanish.
　　　　2 Tips on travel to Argentina.
　　　　3 Information about Spain.
　　　　4 Advice on which class to take.

No. 4　1 A colleague's marriage.
　　　　2 A colleague from Jamaica.
　　　　3 A problem with the marketing department.
　　　　4 An important meeting on June 27.

No. 5   **1** He should hire new staff.

            2 He will be back in 60 minutes.

            3 He can miss today's lunch.

            4 He should finish his work quickly.

No. 6   **1** Finish school next month.

            2 Leave his current company.

            3 Rewrite his résumé.

            4 Apply to many companies.

No. 7   **1** He prefers romantic movies.

            2 He likes other film styles.

            3 He doesn't like the actors.

            4 He can't get Erin to go with him.

No. 8   **1** Buy a sports shirt for her husband.

            2 Buy a sports video game for her husband.

            3 Get her husband some tickets for a game.

            4 Take Adam to meet her husband.

No. 9   **1** Take some medicine.

            2 Show her grades to her dad.

            3 Retake a biology test.

            4 Research about medical schools.

No. 10   **1** One that pays a lot of money.

            2 One that teaches new skills.

            3 One that is at a small company.

            4 One that will hire him full time.

No. 11   **1** Give the man a refund.

           2 Try on another jacket.

           3 Show the man other products.

           4 Ask for a discount.

No. 12   **1** Costs are reasonable.

           2 Delivery is expensive.

           3 The styles match her home.

           4 The selection is limited.

No. 13   **1** Buy *Purple Rose* perfume.

           2 Look at a popular brand.

           3 Shop for perfume elsewhere.

           4 Ask the clerk for advice.

No. 14   **1** Buy a new house.

           2 Change his home's interior.

           3 Ask a decorator for advice.

           4 Return to the shop with his wife.

No. 15   **1** She is staying too far from Lyon.

           2 She is riding the wrong train.

           3 She is not in the right place.

           4 She does not have the right ticket.

第2部

No. 16　　**1** Buys lunch in the cafeteria.

　　　　　2 Sits apart from his colleagues.

　　　　　3 Saves money on food.

　　　　　4 Makes lunch for his colleagues.

No. 17　　**1** A long list of air pollution causes in London.

　　　　　2 Some solutions to the problem of air pollution.

　　　　　3 A lot of information on the effects of burning coal.

　　　　　4 A list of the factories producing the smog over London.

No. 18　　**1** Left it on the bus.

　　　　　2 Updated its music list.

　　　　　3 Used it to study.

　　　　　4 Downloaded songs on it.

No. 19　　**1** Spent 3 months at a Chinese language school.

　　　　　2 Learned on his own for a while.

　　　　　3 Discussed his plans with friends.

　　　　　4 Became fluent in Chinese.

No. 20　　**1** The suit did not match his fashion style.

　　　　　2 The clothing store offered very low prices.

　　　　　3 One of the items was very expensive.

　　　　　4 His wife did not like the tie.

No. 21
1 About thirty-five.
2 About 1,800.
3 Between 2,000 and 2,300.
4 More than 2,300.

No. 22
1 She wants to reduce her travel time.
2 She has asked for a salary increase.
3 She doesn't want the same job as Sabrina.
4 She still wants to be a flight attendant.

No. 23
1 To encourage her to study.
2 To stop her staying out late.
3 To make her spend more time with classmates.
4 To help her learn about computers.

No. 24
1 He did a study on the lake near his house.
2 He saw a media report about a major problem.
3 He heard about it from his neighbors.
4 An environmentalist visited his school.

No. 25
1 1.
2 2.
3 3.
4 9.

No. 26　**1** She couldn't buy a plane ticket.

　　　　2 She had to travel at low cost.

　　　　3 She wanted to see the countryside.

　　　　4 She forgot to reserve a bus seat.

No. 27　**1** Get a new office job.

　　　　2 Begin a different career.

　　　　3 Buy some beautiful paintings.

　　　　4 Demand a higher salary.

No. 28　**1** To receive a promotion at his company.

　　　　2 To give his family a different experience.

　　　　3 To receive a higher job income.

　　　　4 To get an heavier work schedule.

No. 29　**1** It depends on physical contact.

　　　　2 Even young children can enjoy it.

　　　　3 It must move all the muscles from head to toe.

　　　　4 It is an exciting sport.

No. 30　**1** The hairstyles available in her salon.

　　　　2 The kinds of products she uses.

　　　　3 The Web address of her business.

　　　　4 The prices in her shop window.

Answers

解 答 一 覧

筆 記

1

問 題	(1)	(2)	(3)	(4)	(5)	(6)	(7)	(8)	(9)	(10)	(11)	(12)	(13)
解 答	1	4	2	3	4	1	2	2	3	1	2	4	2

問 題	(14)	(15)	(16)	(17)	(18)	(19)	(20)
解 答	3	1	4	3	2	2	2

2

問 題	(21)	(22)	(23)	(24)	(25)
解 答	4-3	1-2	1-3	4-5	3-5

3A

問 題	(26)	(27)	(28)	(29)
解 答	1	4	3	2

3B

問 題	(30)	(31)	(32)	(33)
解 答	3	4	4	1

4A

問 題	(34)	(35)	(36)
解 答	1	2	3

4B

問 題	(37)	(38)	(39)	(40)
解 答	3	2	3	3

4C

問 題	(41)	(42)	(43)	(44)	(45)
解 答	1	3	2	2	4

リスニング

第1部

問 題	No. 1	No. 2	No. 3	No. 4	No. 5	No. 6	No. 7	No. 8	No. 9	No. 10
解 答	4	2	1	1	2	4	2	3	4	2

問 題	No. 11	No. 12	No. 13	No. 14	No. 15
解 答	3	1	3	2	3

第2部

問 題	No. 16	No. 17	No. 18	No. 19	No. 20	No. 21	No. 22	No. 23	No. 24	No. 25
解 答	3	2	3	2	3	4	4	1	2	2

問 題	No. 26	No. 27	No. 28	No. 29	No. 30
解 答	3	2	2	1	2

筆記 1　問題 p.180 〜 182

(1) 　*A:* ケリーがどのくらいパリに滞在するのか知っていますか。
　　　B: フランス語の講座を受講しながら，1 年ほどいるつもりだと彼女は言っ
　　　　ていましたよ。

participate (in ...)「（〜に）参加する」。空所後の in ... がヒントになる。persuade「〜
を説得する」, conflict「対立する，相反する」, conform「一致する」　**解答 1**

(2) 　来年度の国家予算に関して，財務大臣は難しい決断を迫られた。

finance minister で「財務大臣」の意味。ほかに prime minister「総理大臣」も覚えて
おこう。have a decision to make「決断を迫られている」　**解答 4**

(3) 　その作家は彼女の最新作『風の中の火』がベストセラーになってから，卓越
　　した仕事ぶりで名声を得た。

reputation「名声，評判」。gain a reputation で「名声を得る」の意味。representative「代
表（者）」, display「表示，陳列」, favor「好意，引き立て」　**解答 2**

(4) 　ジェーソンはアフリカの村への初めての旅行で大いに驚嘆し，そこでの大
　　部分の時間を地元文化の研究に費やした。

devote *A* to *B*「*A*（時間・努力）を *B*（仕事・目的）につぎ込む，ささげる」。動詞が
主語の Jason や to と少し離れているので注意。connect *A* to *B*「*A* を *B* につなぐ」,
translate *A* to *B*「*A* を *B* に訳す，変える」も同じ形を取る。regain「〜を取り戻す」　**解答 3**

(5) 　まず，教授は自分の講義の主題の概要について話した。それから，彼女は
　　焦点を変えて詳細について考察した。

outline「概要」から details「詳細」へと focus「焦点」が移っているという流れをつか
もう。illustration「例証，挿絵」, approval「承認」, correction「修正」　**解答 4**

(6) 　コウモリと鳥の間には明確な相違点がある。鳥は卵を産むが，コウモリは
　　子を産む。

distinction「相違（点），区別」。問題文のように，between を伴った表現になること
が多い。foundation「基礎」, construction「建設」, execution「執行」　**解答 1**

(7) 　その大企業の面接試験で，トムは自分の新しいマーケティングのアイデア
　　を効果的に面接官に伝えようとした。

communicate *A* to *B*「*A*（情報など）を *B*（人）に伝える，知らせる」。〈動詞＋ *A* ＋ to
＋ *B*〉の構文を見抜けるかどうかがポイントになる。refuse「〜を断る」, cooperate
「協力する」, earn「〜を稼ぐ」　**解答 2**

Answers

(8) スティーブは自分の事務所のぼやを見つけて，すぐに消し止めた。彼の素早い反応が多くの命を救ったのかもしれないと，消防署は後に語った。

第2文中にある his quick reaction から，Steve が「すぐに」(immediately)「火を消した」(put it out) ことがわかる。relatively「比較的に」，increasingly「ますます」，unnaturally「不自然に」 **解答** 2

(9) ジムのところのコミュニティセンターでは，生け花，絵画，外国語学習など，さまざまな講座が開講されている。

various「さまざまな，いろいろな」。空所は続く名詞 courses を修飾する形容詞である。including ...「～を含む」は例を示すときによく使われる表現で，ここがヒントになる。violent「暴力的な」，extreme「極端な」，strict「厳しい」 **解答** 3

(10) *A:* わが社はマーケティングの予算を減らしていると聞きましたが。
B: ええ，わが社のマーケティングを代行する別の会社を選任する予定です。それでお金の節約になるはずです。

assign ... to *do*「…を～するように選任する，決定する」。選択肢 2，3，4 の動詞は〈V + O + to *do*〉の形を取らない。assume「～と仮定する」，commute「～を交換する」，occupy「～を占める」 **解答** 1

(11) スーザンは昇給を望んでいたのだが，上司と会うといつも気弱になって話を切り出せなかった。

bring up「(提案・話題など)を持ち出す」。〈bring「持ってくる」＋ up「表面へ，現れて」〉のイメージで覚えよう。make up「～の埋め合わせをする」，catch on「理解する」 **解答** 2

(12) いかなる外国でも，その国への訪問者はその国の法律の支配下に置かれるので，滞在中はそれらに必ず従わなければならない。

この文の前半と後半はほぼ同じことを述べている。should be sure to obey ...「～に必ず従わなければならない」は are subject to の言い換え。 **解答** 4

(13) サンディはたとえ大きなプレッシャーにさらされても，必ず自分の仕事をどうにかして続ける。

carry on with「(務め・仕事)を続ける」。空所前の manage to *do*「何とか～する」も重要表現だ。 **解答** 2

(14) 学校のトーナメントの1回戦で去年の優勝者と対戦するとわかり，アサコはショックを受けた。

take on「～と対戦する，～に挑戦する」。〈take「取る」＋ on「身につけて」〉→「(人)を迎え入れる，(仕事・責任)を引き受ける」から転じた意味。turn on「(スイッチなど)を入れる」，get on「～に乗る」 **解答** 3

(15) マイクとジェリーは交替でエンジン修理の作業に取り組んだ。こうすることで、お互いに休む機会を確保できた。

by turns「交替で」。turn には「順番」の意味がある。in turn「今度は、順に」, in *one's* turn「自分の番になって」も覚えておきたい。　　　　　　　　解答 **1**

(16) ジュンは、ストライカーとして加わって以来、学校のサッカーチームを一変させた。昨年チームは3勝しかしなかったが、今年はすでに10勝している。

make a (big) difference「(大きな) 違いをもたらす、影響を与える」。この場合の difference は「以前と比較しての違い」→「重大な変化、影響」という意味である。

解答 **4**

(17) アーリンは引っ越した時、新しい家でのごみの捨て方の決まりを知らなかったので、近所の人に尋ねなければならなかった。

be aware of「～に気付いている、知っている」。空所後の of がヒントになる。angry は怒る対象が 物・事のときは at, about, over, 人のときは with, at で導く。familiar は to が続くと「～に知られている」, with が続くと「～に精通している」という意味になる。　　　　　　　　　　　　　　　　　　解答 **3**

(18) *A:* すみません。電子レンジを探しているんですが。
　　　B: 承知しました。こちらの電子レンジがよろしいですよ。これで調理した食べ物は、これより価格の安いモデルで調理したものよりもおいしく出来上がるんです。

既出の表現を反復するときに使う that の用法。この文では food を受けている。問題文のように比較対象として than の目的語に使われることが多い。　解答 **2**

(19) もしマービンが十代のころもっと足が速ければ、おそらく学校の運動部の一員になっていただろう。

帰結節が〈would ＋完了形〉になっているので仮定法過去完了の文であるとわかる。条件節の動詞は過去完了形となる。　　　　　　　　　　　解答 **2**

(20) 私の店で売っている商品の大部分は牛乳やチーズのような生鮮食料品だが、一般的な缶詰も扱っている。

正解の sold は過去分詞の形容詞的用法で、「売られている」と受け身の意味を表す。空所を含む節は、Most of the goods ... are とすでに SV がそろっていることから、空所に入るべき動詞形を考える。　　　　　　　　　　　　解答 **2**

Answers

(21) ティナは学業，運動ともに優秀な生徒である。バレーボールチームのリーダーを務めるだけでなく，受講した科目すべてで A の成績を取っている。

as well as「〜に加えて，〜だけでなく」がポイント。lead(ing) は他動詞「〜を率いる」で the volleyball team を目的語に取る。これを主節に接続するのが as well as である。straight A's は「(学業成績の)オール A」の意味。

▶正しい語順：<u>As well as leading the volleyball team</u>
　　　　　　　　　2　　4　　1　　3　　　　5

解答 4-3

(22) 小さな町に住む人々は，ロサンゼルスのような大都市に住む人々よりも安全で住み心地が良いと感じることがよくある。

選択肢に動詞が 2 つあることと，関係代名詞 who があることがポイント。空所前の People を先行詞として，それを修飾する関係代名詞節を作ろう。空所後に safer and more comfortable と形容詞が続いており，これを補語に取る動詞は feel。

▶正しい語順：<u>who live in small towns often feel</u>
　　　　　　　　5　 1　3　　2　　　　　4

解答 1-2

(23) イチローはヘレンを学校から家まで歩いて送っていったので，彼女の両親から家で夕食を食べていくよう誘われた。

be invited to *do* は「〜するよう誘われる，〜するよう丁寧に求められる」。stay for dinner は「そのままとどまって夕食にする」。

▶正しい語順：<u>was invited to stay for</u>
　　　　　　　　5　 1　　4　3　2

解答 1-3

(24) *A:* ボブ，昨日の数学の試験はほとんど全員が満点を取ったみたいだね。
　　　B: うん，そうだね。ただ退屈しちゃうぐらい簡単だっただけじゃない？

so ... as to *do* は「〜するほど…」という意味で，程度・結果を表す。so の後に形容詞・副詞が入らない，目的を表す so as to *do*「〜するように，〜するために」と混同しないよう注意。

▶正しい語順：<u>so easy as to be boring</u>
　　　　　　　　2　4　　3　5　　1

解答 4-5

(25) *A:* このパンフレットを見てよ。1,000 ドルを投資したら，利子としてもう 1,000 ドル稼げるって書いてあるわよ。
　　　B: ねえ，そんなもの信じるほどばかじゃないだろう。そんなことあるわけないもの。

know better than to *do*「〜するほど愚かではない」「物事をわきまえているので〜などしない」という慣用句。

▶正しい語順：<u>should know better than to</u>
　　　　　　　　2　 3　　1　　5　4

解答 3-5

筆記 3A　問題 p.184

生体工学

　義手や義足は，身体が不自由な人が動き回るのを助ける。しかし大部分の義肢はいまだに，不便なものでしかない。本物の人間の腕や脚の柔軟性や強さを持っていないのである。そこで何人かの科学者たちが，より複雑な装置を造るという難問に挑んでいる。これらの科学者たちはバイオミメティクス，より一般には生体工学と呼ばれる分野で研究を行っている。

　通常の人間の腕以上のことができる人工腕を作製することは，実は特に難しいことではない。そのようなロボット型の腕は，多くの最新式の工場で一般的である。また，カメラのレンズのようにズームイン・ズームアウトすることができる人工眼を作製することも難しくはない。問題は，こうした種類の先進的な機械を人体に接続することである。

　問題の一つは，脳を体の残りの部分につなぐ細胞である神経系が，とても複雑だということである。正確な人工腕を作るには，肩のところで何百万もの神経細胞にどうにかしてつなげなければならない。人工眼もまた，それを使えるようにするには，眼球にあるそうした神経細胞とつなげなければならない。科学者たちは，これを行う方法を完全にはわかっておらず，従って進歩の度合いもそれに応じて遅々としている。身体が不自由な人が歩くことを可能にする人工の脚や，目が見えない人を物が見えるようにする人工眼の開発からは，われわれは程遠いところにいる。

　しかし，身体が不自由ではない人々の能力を向上させることができる生体工学装置においては，より多くの進展があった。これらの生体工学装置は，人間の神経細胞の端につながっている必要はない。その代わりに，それらは健康な人の外部や表面に取り付けられる。人体に付けられているこれらの新しい「外骨格」のいくつかは，着用者が大きな物体を持ち上げたり，工具を使った作業をより正確に行うことを可能にする。科学者たちは，人体をその生まれながらの状態から向上させるための方法を考え出し続けているのである。

(26) 動名詞を選ぶ問題で，空所に続く目的語が more complex devices であることがポイント。この devices は artificial limbs に取って代わるものを指しているので，construct(ing)「～を組み立てる」が正解。gather「～を集める」，participate「参加する」，succeed「成功する，継ぐ」　　　　**解答 1**

(27) that 節内の動詞を選ぶ問題である。この節の構造は，主語が関係代名詞の that ＝ bionic arms で，目的語が much more「より多くのこと」となっている。文脈を考えると，achieve「～を成し遂げる」が最も適切。compensate「～に埋め合わせをする」，acquire「～を得る」。cooperate「協力する」は自動詞なので不適切。　　　　**解答 4**

Answers

(28) 空所を含む節が，so「だから」や thus「ゆえに」などの語によって，前半の節と順接の関係にあるので，その流れに沿った accordingly「それに応じて」を選ぶ。devotedly「献身的に」，randomly「行き当たりばったりに」，securely「しっかりと」

解答 3

(29) 選択肢が動詞で，空所後に up with と続いているので，熟語動詞になっていることを見抜こう。さらに，目的語が ways … と続いているので，これとの組み合わせも考える。正解は come up with「～を思いつく，作り出す」。

解答 2

筆記 3B 問題 p.185

ネチケット

　インターネットは世界中の人々に，あらゆる情報をこれまでよりも自由に送ることができる機会を提供する。このことが，インターネットをわれわれの生活に欠かせないものにしているのである。インターネットなしでは，多くの企業が存続できなかっただろう。

　また，インターネットによって，ユーザーが匿名のままほかの誰にも知られることなく，情報を読んだり掲示したりするのが可能になる。しかし同時に，この匿名性を悪用してきた者もいる。彼らはウェブ上に人々の感情を傷つけるような書き込みを行ったり，険悪だったり無礼だったりするEメールを送ったりしてきた。プライベートな画像を貼ったり，許可なくほかの人のプライベートな話を脚色して載せたりしさえする者もいた。こうした問題を減らすのに役立てるため，「ネチケット」と呼ばれる新しい流れが出現した。

　ネチケットには多くの規則がある。まず第一に，現実の生活ではしないであろうことは，オンライン上でもやらないということである。これには，書き込みやEメールで人の感情を傷つけないようにするということが含まれる。また，インターネット上ではあなたが誰であるか誰にもわからないということを，当然のことだと思うべきではない。最新技術により，誰が情報を書き込んだかを見つけ出すことは可能なのである。ユーザーたちの書くあらゆるEメールや書き込みは，たとえ自分の実名が添えられていなくても，公開された手紙のようなものであると，ユーザーは考えなければならない。Eメールは時に人から人へと転送され，どこへでも，毎晩のニュースへさえも，行き着く可能性があるのだ。

　さらにネチケットとして，Eメールまたは書き込みにおいては，より礼儀正しくなければならない。なぜならオンラインでは，ボディーランゲージやほかの視覚情報を使用することができないからである。無礼なことや人の感情を傷つけることを書いているわけではないと，はっきり示すために，あと少しの礼儀正しさをあなたのEメールや書き込みに付け加えよう。基本的に，あなたは自分が書き込むどんなものに対しても責任を負わなければならない。

それは，あなたが虚偽であると知っているいかなる画像や情報も，決してアップロードしたり書き込んだりするべきでないということを意味する。インターネット・ユーザーは，たとえ住んでいる場所がアメリカやインド，エジプトもしくは中国であろうと，いたる所でこれらのマナーを守られなければならない。

(30) vital「不可欠な，極めて重大な」。判断材料は，前後の文脈と，空所が直後の part を修飾する形容詞であること。空所を含む文は make *OC* の構文で，この part が空所前の目的語の Internet に対する補語になる。prospective「見込まれる」，descriptive「説明的な」，sufficient「十分な」　　**解答 3**

(31) 第2段落ではインターネットの問題点が記されており，それを解決するために Netiquette が「現れた (has emerged)」となる。続く第3段落から Netiquette の具体的な内容を理解して，Netiquette を〈net＋etiquette〉の造語と見抜こう。さらに，空所後に目的語がなく自動詞が入るということもポイント。compel「無理に〜させる」，inform「情報を与える」，ensure「〜を確実にする」　　**解答 4**

(32) take … for granted「〜を当然のことと思う」。空所を含む文のように take の目的語に形式目的語 it を置き，granted の後に真の目的語の that 節を置く用例も多い。　　**解答 4**

(33) 正解の assume はここでは「(責任・任務)を負う」という意味。第4段落前半の流れ，そして空所を含む文を受けて That means と続く次の文の内容などが判断材料となる。verify「〜を証明する」，instruct「〜を教える」，review「〜を再検討する」　　**解答 1**

筆記 4A　問題 p.186〜187

発信人：〈tara.steigler@blakewell.net〉
宛先　：〈tom.winston@ace1manufacturing.com〉
日付　：2009 年 4 月 24 日
件名　：前回の会合

────────────────────────────

親愛なるウィンストン様，
　急にお願いしたにもかかわらず，私と昨日会ってプレゼンテーションを聞いていただくことに同意していただき，ありがとうございました。その時は当社が行っていることについての短い概要しかご説明できませんでした。当社についてのより詳細なデジタル版のパンフレットを添付いたします。
　お話した時，当社の価格についてご心配されていたことは，承知しております。具体的には，競合他社よりおよそ 15 パーセントほど割高であること

をあなたはご指摘されました。これが高額過ぎるように思える理由は当社でもわかっております。しかし，当社が通常，他社より高額な料金を請求するのは，当社のサービスが世界で一流だからです。デジタル版のパンフレットでは，当社が行ってきたことのすべてに非常に満足してくださっている，ほかの主要なお客様についてお読みいただけます。貴社の会計のニーズのすべてをお世話させていただくだけではなく，金融テクニックと法律についてのコンサルティングも定期的に行っております。当社の広範囲にわたるサービスが，差し上げた価格見積り書に含まれています。

　添付書類をご覧いただいてから，近々またお会いして，当社がどのように貴社のお役に立てるかを説明させていただければ幸いです。
敬具

タラ・ステーグラー
シニア・アソシエイト
ブレークウェル会計・コンサルティング

(34) ステーグラーさんは昨日何をしたか。
 1 彼女の会社のサービスをウィンストン氏に紹介した。
 2 彼女のデジタル会計会社に参加するようウィンストン氏に頼んだ。
 3 新しい経理の職についてウィンストン氏に教えた。
 4 製品パンフレットを印刷するというウィンストン氏の申し入れを引き受けた。

第1段落第1文から昨日ウィンストン氏と会ったこと，さらに，第2文から会社の業務内容を説明したことがわかる。(Eメール) what our company does → (選択肢) her company's services の言い換えに注意。 **解答 1**

(35) ステーグラーさんは，彼女の会社について何と言っているか。
 1 いくつかの点で最も手ごろな価格を提供している。
 2 得意先のすべての要求を完全に援助する。
 3 多くの国々に支店を持っている。
 4 もしサービスが不十分ならば返金する。

第2段落の，価格に関してウィンストン氏が不満を持っていることに対する，ステーグラーさんの弁明の内容を把握すれば正解は **2** とわかる。 **解答 2**

(36) ステーグラーさんがウィンストン氏にやるべきだと言っているのは
 1 最新の会計法を調査する。
 2 同封の資料に署名して返却する。
 3 じきにもう一度彼女に会う。
 4 彼の会社についてもっと彼女に話す。

最後の段落に，添付書類を見てもらってから，近々また会いたいと書かれている。(E
メール) soon →（選択肢）shortly の言い換えに注意。

解答 **3**

筆記 **4B**　問題 p.188 ～ 189

森林破壊

　多くの人々は，二酸化炭素（CO$_2$）のレベルを上げる原因となる，工場や車
による大気汚染を心配している。高レベルの CO$_2$ は地球温暖化につながる。
しかし，木を失うことは大気汚染よりもさらに深刻な要因なのだ。非常に多
数の木が切り倒されるとき，それは森林破壊として知られ，CO$_2$ の増加の原
因の 90 パーセントを占めている。森林破壊によるこの重大かつ相関的な影
響力は，環境保護主義者の大きな懸念の元になっている。

　森林破壊の見た目の結果は，誰の目にも明らかである。17 世紀のアメリ
カ大陸に存在した木々のうち，今日まで残っているのはほんのわずかである。
同じことがヨーロッパの大部分についても言える。昔のアメリカ中西部やド
イツの平原にあった奥深い森林は，大部分が切り払われてしまった。森林破
壊は，20 世紀に入ってからは北アメリカとヨーロッパではその速度を落と
している。しかし発展途上の多くの地域では，驚くべき割合でその速度を増
している。これは特に，東南アジアとブラジルの熱帯雨林において言えるこ
とである。

　これらの国々で森林破壊が急速に増加するのには，多くの理由がある。両
地域とも，多数の貧しい人々が，農地を離れて熱帯雨林地域に移住すること
を強いられてきた。これら土地を持たない人々は，「焼き畑式」農民になるだ
ろう。彼らは熱帯雨林のあちこちを移動し，木を焼き払う。それから木の灰
に覆われた土地に作物を植える。作物が成長した後は，熱帯雨林の別の地域
に移動し，この行動を繰り返す。

　木材会社も，熱帯雨林の広い地域の木を切り倒す。彼らは，いろいろな紙
を原料とした素材を作るのにその木を使用する。発展途上国の政府は，この
種の活動が経済成長を促進するため，これを制限することを躊躇（ちゅうちょ）する。例を
挙げると，タイとインドネシアは世界の木材輸出大国である。企業や焼き畑
式農民は短期的な利益を得るかもしれないが，熱帯雨林とわれわれの大気に
与えられる損害は計り知れない。世界中で木が倒れるにつれ，われわれの地
球はさらに暑くなり，空気はさらに汚れるだけなのだ。世界の森林での活動
で利益を得ている会社は，このことを考慮するべきだ。

(37) なぜ森林破壊は，大気汚染よりも深刻な問題であると考えられるのか。
1 車や工場よりもはるかに多くの木があるから。
2 高い CO_2 濃度は，広い地域の木を減ぼすから。
3 木の不足が，気候変化の原因となるから。
4 地球温暖化が，多くの木の枯死を引き起こしているから。

第1段落第4文から大規模な森林伐採が CO_2 の増加の大きな要因になっていることがわかる。CO_2 の増加が地球温暖化につながることは，その前の第2文に記されている。 **解答 3**

(38) 森林破壊について，文章からわかることの一つは何か。
1 世界中でそれに関する各国の政策がはっきりしていない。
2 発展途上国は今やその問題に，より関与している。
3 先進諸国が，20世紀中ごろにそれを増大させた。
4 アメリカとヨーロッパは，それに関して異なる経験をしている。

第2段落第5文に森林破壊の速度が北米とヨーロッパでは20世紀に入って低下したとあり，続く第6文に発展途上国でその速度が増していることが記されている。 **解答 2**

(39) 貧しい人々が時々森林破壊を引き起こすのは
1 新しい農場をほかの場所で始めるため，熱帯雨林を離れることによって。
2 自分たちの作物を焼き払う偶発的な火災を引き起こすことによって。
3 有害な農耕方法を採用することによって。
4 1つの地域で非常に長い間耕作することによって。

第3段落では，貧しい人々が焼き畑式農業を強いられ，それが森林破壊の一因になっていることが説明されている。slash and burn ＝「切り払って燃やす→焼き畑式」。 **解答 3**

(40) もし伐採が続くと起こるかもしれないと，文章が示唆していることは何か。
1 経済発展の速度が落ち始めるかもしれない。
2 政府がそれを規制し始めるかもしれない。
3 それに伴う損失が間もなく利益を上回るかもしれない。
4 私たちは紙製品を使い尽くしてしまうかもしれない。

第4段落第5文に，木材会社や焼き畑式の農民が短期的な利益を得ても，熱帯雨林や大気に対する損害は計り知れないとある。正解の **3** はこの gain「利益」と damage「損害」という対比を benefits と costs にそれぞれ言い換えている。 **解答 3**

筆記 4C　問題 p.190 ～ 191

水の循環

　地球は，「閉鎖系」である。これはつまり，そこにある物はそこを離れることができず，また新しいものを加えることができないということだ。これには水も含まれる。今日，地球上にあるすべての水は，何十億年も前にも地球上に存在したのである。今朝あなたがカップで飲んだ水は，数千年も昔にほかの誰かが飲んだものかもしれない。水の循環によって，こうしたことが起こり得るのである。

　大部分の水（およそ 95 パーセント）は，世界中の海に「蓄えられて」いる。水は何百年，あるいは何千年もの間そこにとどまるかもしれない。いくらかの水が，固体から液体へ，そして気体へというように，その循環の中で状態を変化させる。海や湖，あるいは川の水は，一部地面の奥深くにしみ込み，地下水になる。ほかにも空気中に蒸発する水もあるだろう。その蒸発した水は，後に雨または雪として地面に戻るだろう。雨や雪は次に，凍って氷になるか，地下水に解け込むか，あるいは蒸発して大気に戻る。実際のところ，水の循環系の中で地球の水が変化する方法は 9 通りある。

　この循環には実質的な始まりや終わりはない。水は気候や地質の変動に基づいて循環の中を通り抜けるだけである。水の循環自体，実のところ地質や気候といったほかのシステムの一部なのである。水の循環についての研究は従って，そうした分野をも含むことになる。

　水の循環はわれわれが生き延びるために極めて重要であるが，人間の活動の影響を受けてもいる。地球温暖化は，北極と南極の近辺の氷が解ける原因となる。その結果，海の水かさが増す。海の水が多過ぎると，いずれは人が住む沿岸地域で洪水を引き起こす可能性がある。ほかの地域では，その同じ地球温暖化が，アラル海のような水域の枯渇を引き起こしている。都市でのコンクリートの量の増加も，水が地面に入って地下水になるのを妨げる。結果として，水がその循環系を自由に巡回することが遮られている。

　川や池に流入する肥料やそのほかの人工化学物質は，水がその循環の中を回っている過程でそれを汚染する。このようにして，地面に投棄される化学物質は「酸性雨」を引き起こす一因となっているようだ。水の循環を改善するための何かをすぐに行わなければ，この惑星の生命は深刻な危険にさらされる可能性がある。

(41)　地球の閉鎖系が意味するのは
　1　地球上の水の総量は変化しえない。
　2　今日飲まれる水は，過去に飲まれた水と異なる。
　3　気候サイクルは，水の循環に影響を及ぼすことができない。
　4　今日の地球上の水は，あと数十億年の間そこにとどまることはできない。

Answers

第1段落第1文で地球は閉鎖系であること，第2文で閉鎖系の意味，第3文で水も閉鎖系に含まれることが記されている。第1段落の閉鎖系における水についての説明をしっかり理解できるかがポイント。 **解答 1**

(42) 水の循環における大部分の水について言えることは何か。
  1 1つの形態から別の形態に変化することはめったにない。
  2 気体の形態で空気中にとどまる。
  3 世界の塩水域に存在している。
  4 海から川や湖へと移動する。

第2段落第1文から正解がわかる。(本文) oceans → (選択肢) saltwater bodies の言い換えに注意。 **解答 3**

(43) 水が水の循環系を通って移動するのは
  1 出発点から終点への自然な進行によって。
  2 気象と地表面の状態の影響によって。
  3 水は，気候が土壌に影響を与えるままにしていることによって。
  4 循環自体の拡大もしくは縮小によって。

第3段落第2～第3文の言い換えである2が正解。まず，第2段落の水の循環の具体例をしっかり把握することが大切だ。そうすれば，水は地形や気候の影響でその循環の中を移動していることが容易に理解できるだろう。 **解答 2**

(44) 人間はどのようにして水の循環に悪影響を及ぼしてきたか。
  1 大きな海に近過ぎる場所に都市を造った。
  2 水が自然に移動することを妨げた。
  3 地下水を過剰に使用した。
  4 化学物質を作るのに水を使った。

第4段落に人間が自然の水の循環に与えた影響の例（地球温暖化による極地での氷の融解と水場の乾燥，およびコンクリートによる水の地下浸透の妨害）が挙げられている。これを要約した2が正解となる。 **解答 2**

(45) 以下の記述のうち正しいのはどれか。
  1 大部分の海洋水は2, 3年の間だけそこにとどまる。
  2 水は，水の循環に入る前に9つの状態を経験する。
  3 研究者たちは，気候，地質学，水の循環を別々に研究する。
  4 世界の水の循環への人間の影響は増大している。

第4段落を受け，第5段落では人間が出す排水と酸性雨の関係を説明し，「何かをしなければ地球上の生命が危険にさらされる」と文章を締めている。言い換えれば，4にあるように，放っておけば人間の「悪影響」がどんどん増大していくということである。 **解答 4**

リスニング 第1部　問題 p.192 〜 194　　　　⦿ **CD 56~71**

No. 1

★：Jenny, did you get your ticket for that business trip to London?

☆：I don't need to now.

★：What happened? Did the client cancel the meeting?

☆：No, but they agreed to have a videoconference via the Internet.

Question: Why isn't Jenny going to London?

> ★：ジェニー，ロンドン出張のチケットは手に入れたかい？
> ☆：今はもう必要ないのよ。
> ★：何かあったの？ 顧客が会議を取り消したの？
> ☆：いいえ，先方がインターネットでのテレビ会議をすることを了承したの。
> **質問**：なぜジェニーはロンドンに行かないのか。
> **1** 顧客が彼女を訪問するから。
> **2** チケットを見つけるのに問題があったから。
> **3** 商用会議が取り消しにされたから。
> **4** インターネットによる会議が行われるから。

質問文ではジェニーのロンドン出張がなくなった理由が問われているが，女性の2番目のせりふからわかる。会議は中止になったのではなく，インターネットでのテレビ会議に変更になったとある。

解答 4

No. 2

★：I really need to do something, Becky. I've gained 4 kilograms over the last few months.

☆：That's really unhealthy, Walter. Have you thought about exercising regularly?

★：Yeah, but I just have so much to do at work. I can't find any time to go to the gym or anything like that.

☆：Try to workout at least 45 minutes a day. If you cut down on cakes and candy, you'll feel a lot better, too.

Question: Why doesn't Walter exercise?

> ★：本当に何かする必要があるんだよ，ベッキー。ここ2，3カ月で体重が4キロ増えたんだ。
> ☆：それは本当に不健康ね，ウォルター。定期的に運動しようと考えたことはある？
> ★：うんあるよ，でも仕事でやらなくちゃいけないことがたくさんあってね。ジムとかに行く時間が全然ないんだ。
> ☆：1日に少なくとも45分は運動するようにしないと。それに，ケーキとキャンディーを減らせば，ずっと調子も良くなるはずよ。

Answers

質問：なぜウォルターは運動をしないのか。

1 すでに健康と感じているから。　　**2** 仕事が忙し過ぎるから。

3 いいジムを見つけられないから。　**4** 体重を気にしていないから。

選択肢から運動と健康に関することが話題ではないかと予測できる。男性が運動をしない理由は，男性の２番目のせりふからわかる。(放送文) I just have so much to do at work. →(選択肢) He is too busy with his job. の言い換えに注意しよう。

解答 2

No. 3

★：Hey, Melissa, is it true you speak Spanish?

☆：Yes, both my parents are from Argentina. Why do you ask, Nick?

★：Well, I'm hoping you can help me. I want to travel to Mexico this summer but I'm really struggling in my Spanish class.

☆：I'd be glad to help you out. Let's meet and have a lesson tomorrow at lunchtime.

Question: What does Nick want?

★：メリッサ，スペイン語を話せるって本当かい？

☆：ええ，両親がアルゼンチン出身なの。どうして，ニック？

★：あのさ，手伝ってほしいんだ。今年の夏にメキシコを旅行したいんだけど，スペイン語の授業で本当に苦労してるんだ。

☆：お役に立てればうれしいわ。明日のランチタイムに会ってレッスンをしましょう。

質問：ニックは何を望んでいるか。

1 スペイン語の手伝い。　　　　　　**2** アルゼンチン旅行のヒント。

3 スペインについての情報。　　　　**4** どの授業を履修すればいいかの助言。

選択肢中に出てくる Spanish, Spain が，放送文を聞くときのキーワードになると予想しよう。正解は男性の２番目のせりふからわかる。

解答 1

No. 4

★：Have you heard about Shelli? She's getting married to Alfred from the marketing department.

☆：Wow, I never even knew they were going out together. When's the big day?

★：On June 27. They are going to invite us. Then, they plan to honeymoon in Jamaica.

☆：I'm very happy for them, but unfortunately I already have plans for the 27th.

Question: What are these people talking about?

★：シェリーについて聞いたかい？ マーケティング部のアルフレッドと結婚するんだって。

☆：わあ，二人が付き合っていることさえ知らなかったわ。結婚式はいつなの？

★：6月27日。僕たちを招待してくれる予定だよ。それから，二人はジャマイカに新婚旅行に行く計画みたい。

☆：すごくうれしいんだけど，残念ながら27日はすでに予定が入っているの。

質問：二人は何について話しているか。

1　同僚の結婚。　　　　　　　　　2　ジャマイカ出身の同僚。

3　マーケティング部との問題。　　4　6月27日の重要な会議。

選択肢から会社の同僚もしくは仕事に関することではないかと予測できる。会話に出てくる getting married, honeymoon などから，2人の会話の内容をつかもう。

解答 1

No. 5

☆：Ralph, what about having lunch with me and some of the new staff? It'd be a great way to get to know them.

★：I'd love to, Carrie, but I think I'll have to miss lunch today. I've got to finish up a lot of work here, first.

☆：Can you spare at least a bit of time to eat? You'll feel refreshed if you do. It'll only take an hour.

★：Maybe you're right. I'll go, as long as I'm back by two.

Question: What is one thing Carrie tells Ralph?

☆：ラルフ，私と新しいスタッフと一緒にランチに行かない？ 彼らのことを知るのにとてもいい方法よ。

★：すごく行きたいんだけど，キャリー，今日はランチを抜く必要があると思うんだ。まずここで，大量の仕事を終わらせなくてはいけないから。

☆：でも少しくらいは食事の時間を割けないの？ そうすれば気分転換になるわよ。1時間だけよ。

★：たぶん君の言うとおりだ。2時までには戻るけど，行くよ。

質問：キャリーがラルフに言っていることの一つは何か。

1　彼は新しいスタッフを雇うべきだ。

2　彼は60分で戻るだろう。

3　彼は今日のランチを抜くことができる。

4　彼は急いで仕事を終えるべきだ。

質問文は「キャリー（女性）」が「ラルフ（男性）」に言っていることについてを尋ねている点に注意。質問文を注意して聞き，誤答肢に引っ掛からないようにしよう。（放送文）an hour →（選択肢）60 minutes と，数字の単位が言い換えられている。

解答 2

Answers

No. 6

☆：Have you decided what you'll do after you finish school, Arnold?

★：I haven't really thought about it much, Sandra. I've got plenty of time.

☆：We're graduating in just 8 months. Shouldn't you start planning your career?

★：I don't think so. I'm going to just send out résumés to all sorts of companies, and work for whichever one finally takes me.

Question: What does Arnold plan to do?

> ☆：学校を終えたら何をやるかを決めたの，アーノルド？
>
> ★：実はあまりよく考えていなんだよ，サンドラ。時間はたっぷりあるからね。
>
> ☆：あとちょうど8カ月で卒業よ。就職の計画を始めるべきじゃないの？
>
> ★：そうは思わないよ。あらゆる業種の会社に履歴書を送って，最終的に採用してくれる会社ならどこでも働くつもりだよ。
>
> 質問：アーノルドは何をしようと計画しているか。
>
> 1 来月に学校を終えること。　　2 現在の会社を辞めること。
>
> 3 履歴書を書き直すこと。　　　4 多くの会社に応募すること。

選択肢から会話は就職に関する内容ではないかと予測しよう。男性の最後の発言から，**4** が正解。（放送文）send out résumés to all sorts of companies →（選択肢）Apply to many companies. という言い換えに注意。

解答 4

No. 7

☆：Burt, have you seen the new movie, *Hearts in Paris?* It's so romantic!

★：I usually don't like romantic movies, Erin. I prefer action movies or sometimes comedies.

☆：You should see *Hearts in Paris*, though. I think it would appeal to you, and the acting is very impressive.

★：Sorry, but I just don't think it would interest me.

Question: Why won't Burt see *Hearts in Paris*?

> ☆：バート，新しい映画『パリの心』を見たことはある？ とてもロマンチックなのよ。
>
> ★：ロマンチックな映画は，たいてい好きじゃないんだよ，エリン。アクション映画か，たまにコメディー映画を見るんだ。
>
> ☆：でも『パリの心』は見るべきだわ。あなたに訴えかけるものがあると思うし，演技がとても印象的なの。
>
> ★：残念だけど，それが僕の興味を引くとは思わないな。
>
> 質問：なぜバートは『パリの心』を見ないのか。
>
> 1 ロマンチックな映画の方が好きだから。
>
> 2 ほかの種類の映画が好きだから。
>
> 3 俳優が好きではないから。
>
> 4 エリンを一緒に連れていけないから。

選択肢から映画に関する会話であると予測できる。正解は男性の最初のせりふの第2文からわかる。（放送文）action movies or sometimes comedies →（選択肢）other film styles と，具体的な表現が一般的な表現で言い換えられている点に注意しよう。

解答 2

No. 8

☆：I need to buy my husband a birthday gift. What would you recommend, Adam? A new shirt?

★：That'd be useful, Wendy, but what about getting him sports game tickets?

☆：Wow. I would have never thought about that.

★：Sure! It'd be a one-of-a-kind present. If he likes sports, he'd be very appreciative. Just think about it.

Question: What is Wendy recommended to do?

> ☆：夫に誕生日プレゼントを買う必要があるの。何かお勧めはあるかしら，アダム？ 新しいシャツはどうかしら。
> ★：それはいいね，ウェンディー，だけどスポーツの試合のチケットをあげるなんてどう？
> ☆：わあ。それは全く考えなかったわ。
> ★：それだよ！ ユニークなプレゼントになるよ。スポーツが好きならとても喜ぶよ。ちょっと検討してごらん。
> 質問：ウェンディーは何をするように勧められているか。
> 1 夫にスポーツシャツを買う。
> 2 夫にスポーツのテレビゲームを買う。
> 3 夫に試合のチケットをあげる。
> 4 アダムを連れていって夫に会わせる。

男性の最初の発言中にある … what about getting him sports game tickets? という提案から正解がわかる。

解答 3

No. 9

☆：Dad, do you think I have any chance of getting into medical school?

★：Of course you do, Julia. You have good grades, and you seem to like biology and science. There's no reason you couldn't do it.

☆：Thanks, Dad, I'll get on the Internet and get more details about schools tonight.

★：Just be confident!

Question: What will Julia do tonight?

> ☆：お父さん，私が医科大学へ進学できる可能性はあると思う？
> ★：もちろん，あるよ，ジュリア。おまえは成績が良いし，生物学と科学が好きみたいだ。進学できないわけがないよ。

Answers

☆：ありがとう，お父さん。今晩インターネットに接続して，学校についての詳しい情報をもっと集めるわ。

★：自信を持ちなさい！

質問：今晩ジュリアは何をするか。

1 薬を服用する。

2 成績を父親に見せる。

3 生物のテストを再受験する。

4 医科大学について調べる。

正解の鍵となるのは，女性の2番目のせりふ。（放送文）get on the Internet and get more details about schools → （選択肢）Research about medical schools. という言い換えに注意しよう。

解答 4

No. 10

★：Mom, what kind of part-time job do you think is best for me?

☆：I think anything that paid you at least a little pocket money and was safe would be OK, Ted.

★：I think I'd like a job where I could get some useful training, though. That would prepare me for my future.

☆：You might want to look into becoming a clerk or mailroom worker at a large company. They sometimes hire students part-time.

Question: What kind of job is Ted looking for?

★：お母さん，僕にはどんな種類のアルバイトが一番いいと思う？

☆：少なくともちょっとはお小遣いがもらえて，安全なら何でもいいじゃない，テッド。

★：でも，何か役立つ訓練ができる仕事がいいんだよ。将来の準備になるだろうから。

☆：大きな会社の事務職員か郵便係になれるかどうか調べたらいいわ。時々学生アルバイトを雇っているわよ。

質問：テッドはどのような種類の仕事を探しているか。

1 たくさん稼げる仕事。

2 新しい技術を教えてくれる仕事。

3 小さな会社での仕事。

4 常勤で雇ってくれる仕事。

選択肢から仕事の内容に関する会話であることが予測できる。正解は男性の2番目のせりふからわかる。（放送文）a job where I could get some useful training → （選択肢）One that teaches new skills. の言い換えに注意しよう。

解答 2

No. 11

★：Excuse me, could I return this jacket for a refund? It doesn't fit me.

☆：I'm sorry, sir, but we only allow exchanges, not refunds.

★：I wish someone had told me that when I bought it. I guess I'll exchange it for something else. Could I see a similar item?

☆：Right this way, sir. Let's take a look at what we have in Aisle 9.
Question: What will the woman do next?

> ★：すみません，このジャケットを返品するので返金していただけませんか。サイズが合わないんです。
> ☆：申し訳ございませんが，返金ではなく，交換しか承れません。
> ★：買う時に言ってもらえていたらなあ。ではほかの商品と交換します。似た商品を見てもいいですか。
> ☆：こちらへどうぞ。9番売り場の商品をご覧に入れましょう。
> **質問**：女性は次に何をするか。
> 1 男性に返金をする。　　　　　2 別のジャケットを試着してみる。
> 3 男性にほかの商品を見せる。　4 値引きを求める。

選択肢から買い物での返品に関する会話ではないかと予測できる。放送文では，男性が交換することを承諾し，女性が代わりの商品がある売り場を案内しようとしていることから，3 が正解とわかる。

解答 3

No. 12

☆：The price on this sofa is pretty good. How much would delivery be?
★：We ship free to your home or office for any purchase above 500 dollars.
☆：That's not bad. I'm not sure if I'll buy anything yet. I want to look around at your selection for a while first.
★：Of course, ma'am. Please take your time.
Question: What is one thing the woman says about the furniture?

> ☆：このソファの値段はすごく手ごろだわね。配送費はいくらですか。
> ★：500 ドル以上お買い求めでしたら，ご自宅でも会社でも無料で配送させていただきます。
> ☆：悪くないわね。まだ何かを買うかどうかはっきりしてないの。まずしばらくの間，品ぞろえをざっと見て回りたいの。
> ★：かしこまりました。どうぞごゆっくり。
> **質問**：女性が家具について言っていることの一つは何か。
> 1 価格が手ごろである。　　　2 配送費が高い。
> 3 スタイルが家に合う。　　　4 品ぞろえが少ない。

選択肢から，商品に関する店員と客のやりとりではないかと予測できる。女性の最初のせりふから 1 が正解。（放送文）The price (on this sofa) is pretty good. → （選択肢）Costs are reasonable. の言い換えに注意。

解答 1

No. 13

★：Ma'am, can I help you with anything?
☆：Do you have any of that *Summer Wind* perfume? That's my usual brand.

Answers

★：We're out of that right now, but we do have *Purple Rose*. It's very popular. Would you like to smell it?

☆：No, I'd prefer to buy something I already know well. I'll have a look somewhere else. Thanks.

Question: What will the woman do?

> ★：お客さま，何かお探しでしょうか。
> ☆：サマー・ウインドの香水はありますか。いつものブランドなの。
> ★：ただいま，在庫切れとなっておりますが，パープル・ローズでしたらございます。とても人気の商品となっております。香りをお試しになられますか。
> ☆：いいえ，よく知っているものの方がいいわ。ほかで探します。ありがとう。
> 質問：女性は何をするか。
> 1 パープル・ローズの香水を買う。 　　2 人気ブランドを見る。
> 3 ほかの店で香水を探す。 　　　　　4 店員に助言を求める。

正解の決め手となるのは，女性の最後の発言 I'll have a look somewhere else. の部分。(放送文) have a look →(選択肢) shop for の言い換えに注意。

解答 3

No. 14

☆：I saw you looking around the shop, sir. Could I be of assistance?

★：I'm going to paint the inside of my house this week, so I'm searching for brushes, rollers, and, of course, paint. Are you the owner here?

☆：No, just an assistant, but interior decorating is my specialty. Do you have a specific color in mind?

★：My wife prefers blue. I'd first like to see what color shades you have.

Question: What does the man plan to do this week?

> ☆：お客さま，何かお探しのようにお見受けいたしました。お手伝いいたしましょうか。
> ★：今週，家の内部を塗装するつもりなんです。そこで，ブラシとローラー，もちろん塗料も探しているのです。あなたはお店の店長ですか。
> ☆：いいえ，アシスタントですが，室内装飾は私の専門です。具体的な色は決めていらっしゃいますか。
> ★：妻は青が好きなんですよ。まずどんな色合いのものがあるのか見たいのです。
> 質問：男性は今週，何をするつもりか。
> 1 新しい家を購入する。 　　　　　　2 自宅のインテリアを変える。
> 3 室内装飾業者に助言を求める。 　　4 妻と店に戻る。

質問文で問われている，男性客が今週やろうとしている計画は，男性の最初の発言からわかる。paint the inside of my house という具体的な表現を選択肢では Change his home's interior. と，より一般的な表現に言い換えている。

解答 2

No. 15

☆：Excuse me, does this train go to Paris?

★：No, this one goes to Lyon.

☆：Oh no! I'm in the wrong place.

★：Don't panic. This is Track 20. You need Track 27. Turn left here and keep going until you get to the track you need.

Question: What is the woman's problem?

> ☆：すみません，この列車はパリに行きますか。
>
> ★：いいえ，これはリヨン行きです。
>
> ☆：あらまあ！ 場所を間違えちゃった。
>
> ★：あわてないで。こちらは 20 番線です。27 番線に向かってください。ここを左に曲がってそのまま進めば，あなたが行きたいホームに行けます。
>
> 質問：女性の問題は何か。
>
> **1** リヨンからかなり遠く離れた場所にいる。
>
> **2** 間違った列車に乗車している。
>
> **3** 正しい場所にいない。
>
> **4** 正しい切符を持っていない。

正解は 2 番目のやりとりからわかる。男性の最後の発言をきちんと聞けば，**2** は誤りだと気付く。(放送文) I'm in the wrong place. → (選択肢) She is not in the right place. の言い換えにも気を付けること。

解答 3

No. 16

Rick brings his lunch to work. Usually, it's just a sandwich, some fruit and a cake. His colleagues buy their lunches in the company cafeteria. Sometimes, Rick feels uncomfortable being the only person at the small table who has brought his own food. However, he also knows that he avoids spending $4 a day by doing that.

Question: What does Rick do every day?

> リックはランチを職場に持参する。たいていは，サンドイッチ，果物，ケーキだけである。彼の同僚は会社のカフェテリアでランチを購入する。時々，リックはランチを持参して小さなテーブルに向かっているのが自分一人だけだと居心地が悪いと感じることがある。でも，そうすることで1日に4ドル節約していることもわかっている。
>
> **質問**：リックは毎日何をするか。
>
> 1　カフェテリアでランチを買う。　　2　同僚から離れて座る。
> 3　食事代を節約する。　　　　　　4　同僚にランチを作る。

正解の決め手となるのは，最後の he also knows … by doing that. の部分。(放送文) he avoids spending $4 a day →（選択肢）Saves money on food. という言い換えにも注意しよう。

解答 3

No. 17

The first book written about air pollution was published in 1661. This book contained a list of scientific solutions to the air pollution problem. The author of the book warned against the smog over London, and also warned that it was caused by the burning of too much coal in factories rather than in homes.

Question: What did the first book on air pollution contain?

> 大気汚染について書かれた最初の書籍は1661年に出版された。この本には，大気汚染問題への科学的解決策のリストが載っていた。その本の著者はロンドン上空のスモッグに対する注意を呼び掛けた。そしてまた，それが家庭よりも，むしろ工場における多量の石炭の燃焼が原因であると警告していたのである。
>
> **質問**：大気汚染に関する最初の本には何が載っていたか。
>
> 1　ロンドンで発生していた大気汚染の長大なリスト。
> 2　大気汚染問題に対するいくつかの解決策。
> 3　石炭燃焼の影響についての多くの情報。
> 4　ロンドン上空にスモッグを排出している工場のリスト。

選択肢の表現が紛らわしいので，注意深いリスニングが必要である。第2文の a list of scientific solutions to the air pollution problem を確実に聞き取ろう。

解答 2

No. 18

Yasu had a 45-minute ride on the bus every day. He usually spent it sleeping or listening to music on his MP3 player. Recently, however, he decided that he should do something else with his time. He downloaded some audio textbooks from the Internet onto his MP3 player. After that, he was able to listen to them and learn while riding the bus.

Question: What did Yasu do with his MP3 player?

> ヤスは毎日 45 分間バスに乗車していた。彼はその間，たいてい眠ったり MP3 プレーヤーで音楽を聴いて過ごした。しかしながら，最近，彼は何かほかの時間の過ごし方をすることに決めた。彼はインターネットから MP3 プレーヤーに音声テキストをダウンロードした。それからというもの，彼はバスに乗車している間にも，それを聞いて学習することができた。
>
> **質問**：ヤスは MP3 プレーヤーで何をしたか。
>
> 1 バスに置き忘れた。　　　　　2 曲目リストを更新した。
> 3 勉強に使った。　　　　　　　4 曲をダウンロードした。

放送文の最後の文から，MP3 プレーヤーを使い，音声テキストを聞いて学習したことがわかる。

解答 3

No. 19

Jason wanted to master Chinese. He taught himself using textbooks for a year, and then planned to study for 3 months in a Beijing language school. He was confident before he got there, but found it hard to communicate with local people. At the end of the course, he was not fluent but he had improved a lot.

Question: What did Jason do before going to China?

> ジェーソンは中国語を習得したかった。彼は 1 年間教科書を使って独りで学習し，その後 3 カ月間北京の語学学校で勉強する計画だった。彼は現地に着くまでは自信があったが，地元の人々と意思疎通するのは大変だということに気付いた。コースが終わるころ，彼は流ちょうというほどではなかったが，大いに進歩していた。
>
> **質問**：ジェーソンは中国に行く前に何をしたか。
>
> 1 中国語の語学学校で 3 カ月間過ごした。2 しばらくの間，独学をした。
> 3 友達と自分の計画を話し合った。　　4 中国語に流ちょうになった。

正解は 2 番目の文の内容からわかる。（放送文）He taught himself using textbooks for a year → (選択肢) Learned on his own for a while. の言い換えに注意。

解答 2

No. 20

Shawn's wife took him shopping to buy some fashionable clothes. She picked a nice suit and tie for him. Shawn noticed the price of the tie, and was a little shocked. It cost almost as much as the suit. His wife made him purchase it, however. She felt it was worth the cost.

Question: Why was Shawn shocked?

> ショーンの妻はおしゃれな服を買うために彼を買い物に連れて行った。彼女は彼のためにすてきなスーツとネクタイを選んだ。ショーンはネクタイの値段に気付いて，少しばかりショックを受けた。それはスーツとほとんど同額だった。しかし，妻は彼にそれを買わせた。彼女からすると，それは値段にふさわしい価値があったのだ。
> 質問：なぜショーンはショックを受けたか。
> 1 そのスーツは彼のファッションスタイルには合わなかったから。
> 2 洋服店はかなりの低価格を提供していたから。
> 3 商品の一つはとても高価だったから。
> 4 彼の妻はそのネクタイが好きではなかったから。

選択肢から洋服店での話であることが予測できる。第3～第4文目に「ネクタイとスーツの値段がほぼ同額だったので驚いた」とあるので選択肢3が正解。

解答 **3**

No. 21

Newspapers are the oldest form of mass media. News pamphlets and newsletters were published after the invention of printing. American newspapers began to be published in 1690. At the beginning of the War of Independence, there were thirty-five newspapers. Today, there are about eighteen hundred daily and five hundred and fifty Sunday papers.

Question: How many newspapers in all are there in America today?

> 新聞はマスメディアの最も古い形態である。ニュースが書かれた小冊子やニューズレターが印刷機の発明後に出版された。アメリカの新聞は1690年に発行され始めた。独立戦争の初期には35の新聞が発行されていた。今日では，およそ1,800の日刊紙と550の日曜紙がある。
> 質問：今日アメリカでは全部で何紙の新聞が発行されているか。
> 1 約35。　　　　　　　　　　2 約1,800。
> 3 2,000から2,300の間。　　4 2,300以上。

選択肢を見ると，数が問われていることがわかる。単なる聞き取りだけでなく，簡単な計算が必要な場合があるので注意したい。ここでは，日刊紙と日曜紙の合計数が正解となる。

解答 **4**

No. 22

Betty is applying to be a flight attendant. She would like to travel the world, and flight attendants also receive good salaries. One of her friends, Sabrina, is already doing that. She told Betty the work is not easy. Attendants must stand for long hours, and be polite to all the passengers. However, the job still seems exciting to Betty.

Question: What do we learn about Betty?

> ベティは飛行機の客室乗務員を志願している。彼女は世界を旅行したいし，飛行機の客室乗務員は給料もよい。友達のサブリナはすでに飛行機の客室乗務員をやっている。彼女はベティに仕事は簡単ではないと言った。客室乗務員は長時間立っていなければならないし，すべての乗客に丁寧でなければならない。しかしながら，その仕事はベティには面白く思える。
> **質問：**ベティについて何がわかるか。
> 1　旅行時間を削減したいと望んでいる。
> 2　給料の増加を要求している。
> 3　サブリナと同じ仕事をしたくない。
> 4　まだ客室乗務員になりたいと思っている。

選択肢 2，3，4 から，放送文は仕事についての内容ではないかと予測できる。友人は仕事の大変さを説いているが，最後の文で However, the job still seems exciting to Betty. と言っているので，4 が正解。

解答 4

No. 23

After starting her own webpage, Junko began to spend a lot of time writing it. However, her parents noticed that her grades began to fall. They felt that it was because Junko spent too much time on her blog instead of doing homework. So they made a rule for her; they told her she could spend no more than 1 hour per day on the Internet.

Question: Why did Junko's parents make a new rule?

> 自分のウェブページを始めた後，ジュンコはウェブページを書くことにたくさんの時間を費やすようになった。ところが，彼女の両親は彼女の成績が下がり始めていることに気付いた。両親はジュンコが宿題をやらないで，ブログに多くの時間を費やし過ぎているからだということを感じた。そこで両親は彼女のためにルールを作り，彼女に 1 日 1 時間だけインターネットに費やすことができると言った。
> **質問：**なぜジュンコの両親は新しいルールを作ったのか。
> 1　彼女に勉強を促すため。
> 2　彼女の夜更かしをやめさせるため。
> 3　彼女にクラスメートともっと多くの時間を過ごさせるため。
> 4　彼女がコンピュータを学ぶのを後押しするため。

放送文の第 2 ～第 3 文の内容から，両親が彼女に勉強をさせるためにインターネットの使用時間を制限させたことがわかる。

解答 1

Answers

No. 24

Gerald goes fishing in the lake behind his house every weekend. But recently he has been catching fewer fish. Yesterday, he saw a TV news program. It said that in many lakes, fish were dying because of pollution. Gerald decided to get involved in a local environmental group, and encouraged his neighbors to do the same. He hopes the group's activities will help protect the lake.

Question: Why did Gerald join an environmental group?

> ジェラルドは毎週末，家の裏手にある湖に釣りに行く。しかし，最近は魚が釣れなくなってきた。昨日，彼はテレビのニュース番組を見た。それによると，多くの湖では汚染のために魚が死んでいるということだった。ジェラルドは地元の環境保護団体に参加することに決め，近所の人たちにも参加を呼び掛けた。彼は団体の活動が湖を守るのに役立つよう望んでいる。
>
> 質問：なぜジェラルドは環境保護団体に参加したのか。
> 1 彼は家の近くの湖に関する研究をしたから。
> 2 彼は重大な問題についてのマスコミ報道を見たから。
> 3 彼は近所の人からそれについて聞いたから。
> 4 環境保護主義者が彼の学校を訪問したから。

正解は第3～第4文からわかる。（放送文）a TV news program →（選択肢）a media report，（放送文）fish were dying because of pollution →（選択肢）a major problem という言い換えに注意しよう。

解答 2

No. 25

Thank you for calling the Gold Bank automated service center. If you would like to check your account balance, press 1 now. To report a lost or stolen credit card, press 2 now. To dispute an account, press 3 now. For a customer service representative, press 4 now. To repeat the menu, press 9 now.

Question: What number should you push to report a stolen card?

> ゴールドバンク自動音声サービスセンターにお電話をいただき，ありがとうございます。残高を確認されたい場合には1のボタンを押してください。クレジットカードの紛失や盗難のお届けは2を押してください。口座に関するお問合わせは3を押してください。お客様サービス係へは4を押してください。初めからもう一度お聞きになるには9を押してください。
>
> 質問：カードの盗難を届けるには何番を押せばよいか。
> 1 1。 2 2。 3 3。 4 9。

電話の自動音声サービスである。… press 1 と始まる辺りから内容と番号を結びつけてメモをしておくとよい。

解答 2

No. 26

Samantha used to travel across America by plane. Then, she began to regret that she had never seen the countryside. When she had to travel from Chicago to LA, she went by train. It was costly and took a long time, but she had a chance to see a lot of beautiful scenery and never forgot that trip. Next time, she wants to go to Florida by bus!

Question: Why did Samantha take the train?

> サマンサはよく飛行機でアメリカを横断旅行したものだった。その後，彼女は
> 田園地帯を一度も見なかったことを後悔し始めていた。彼女がシカゴからロサ
> ンゼルスへ旅行しなければならなかったとき，列車を使った。列車は，費用が
> 高く時間も長く掛かったが，たくさんの美しい風景を見る機会になり，その旅
> 行のことを決して忘れなかった。次はバスでフロリダに行きたいと思っている。
> **質問**：なぜサマンサは列車に乗ったのか。
> **1** 航空券を買えなかったから。
> **2** 安い費用で旅行しなければならなかったから。
> **3** 田園地帯を見たかったから。
> **4** バスの座席を予約し忘れたから。

選択肢から旅行についての内容であると予測できる。正解は第２～第３文からわかる。
細かい内容からではなく，全体的な内容から正解を判断する問題。

解答 3

No. 27

Earl was getting tired of his boring office job. He really wanted to become a painter. At the beginning of the year, he suddenly quit his job and began to paint full time. Although he earned no salary, he slowly began to sell some of his work for money. Earl was sure that eventually he could become a very successful painter.

Question: What did Earl decide to do?

> アールは退屈な会社の仕事に飽き飽きし始めていた。本当は彼は画家になりた
> かった。その年の初めに，彼は突然仕事を辞めて一日中絵を描き始めた。彼は
> 固定収入は得ていなかったけれども，少しずつ自分の作品を売り始めるように
> なった。アールは最終的に画家として大成功を収める自信があった。
> **質問**：アールは何をしようと決めたのか。
> **1** 新しい会社の仕事を得る。　　　　**2** 違う仕事を始める。
> **3** 美しい絵を買う。　　　　　　　　**4** 高い給料を要求する。

選択肢から放送文は仕事に関する内容であることが予測できる。正解の鍵となるのは第
３文。（放送文）quit his job and began to paint full time →（選択肢）Begin a different
career. の言い換えに注意しよう。

解答 2

No. 28

Mr. Smith works at his company's head office, but he wants to spend more time with his family. He has applied for a job at a branch office in a small town. If he gets the job, he would not receive a promotion or a higher income. However, the work hours would be fewer, so he could be with his family on evenings and weekends.

Question: Why did Mr. Smith apply for the branch-office job?

> スミス氏は会社の本社に勤務しているが，彼は家族ともっと多くの時間を過ごしたいと思っている。彼は小さな町の支店での仕事に志願した。もしその仕事を得れば，昇進や高い給料はもらえなくなるだろう。しかし，勤務時間はより少なくなるだろうし，そうなれば，彼は夕方や週末を家族とともに過ごすことができるだろう。
>
> 質問：なぜスミス氏は支店での仕事を志願したのか。
>
> 1 会社で昇進するため。　　　2 違う経験を家族にさせるため。
> 3 高い収入を得るため。　　　4 もっときつい仕事のスケジュールを得るため。

選択肢から仕事に関する内容であることが予測できる。文章全体を聞かなければ，答えられない問題。文章全体の内容を a different experience と短い表現で要約した **2** が正解。

解答 **2**

No. 29

One of the first sports a child likes to try is wrestling. Even very young children seem to enjoy it. In addition to being an exciting sport, wrestling is excellent exercise. It moves all the muscles from head to toe. Because wrestling depends on physical rather than visual contact, visually challenged people can take part in it.

Question: What makes wrestling a good sport for visually challenged people?

> 子どもが最初に好んで試みるスポーツの一つがレスリングである。とても小さな子どもでさえ，それが楽しいようである。レスリングは人を興奮させるだけでなく，優れた運動でもある。それは頭からつま先までのあらゆる筋肉を使う。レスリングは視覚的な伝達ではなく肉体的接触に頼っているので，目が不自由な人々もそれに参加することができる。
>
> 質問：目が不自由な人々にとって，レスリングはどのようなところが優れているのか。
>
> 1 身体的な接触に依存していること。
> 2 幼い子どもでも楽しめること。
> 3 頭からつま先まで全身の筋肉を動かさなければならないこと。
> 4 興奮するスポーツであること。

レスリングの優れた点をうまく聞き取ろう。放送文中の all the muscles from head to toe や visually challenged people などの語句の聞き取りは難しい。

解答 1

No. 30

Connie owns a small hair salon. Recently, some customers have been asking about the lotions and shampoos her shop uses. They want to know if they are all natural. After learning more about natural products on the Internet, she decided to only use all-natural materials in her shop. She advertised the fact in her shop window, and the number of customers increased.

Question: What have customers asked Connie about?

> コニーは小さな美容院を営んでいる。最近，何人かの客が店で使用しているローションとシャンプーについて質問をしてきた。客たちはそれらが100パーセント天然の素材かどうかを知りたがっているのだ。インターネットで天然の商品についてより多くを学んだ後，彼女は自分の店ではすべて天然の素材だけを使用することを決めた。彼女は店のショーウインドーでその事実を告知したところ，客の数が増えた。
> 質問：客は何についてコニーに尋ねたのか。
> 1 彼女の美容院でできるヘアスタイル。
> 2 彼女が使う商品の種類。
> 3 彼女の会社のウェブアドレス。
> 4 彼女の店のショーウインドーに出ている値段。

選択肢からは放送文の内容を想像しづらいが，hairstyles, her salon, business, shop などから，美容院（理髪店）での話ではないかと推測しよう。正解の決め手となるのは第2～第3文。

解答 2

二次試験・面接の流れ

一次試験に合格すると，二次試験の面接があります。以下の流れをしっかり頭に入れて，準備しておきましょう！

① 入室とあいさつ

係員の指示に従い，面接室に入ります。あいさつをしてから，面接委員に面接カード（試験前に受験番号や名前などを記入するカード）を手渡し，指示に従って，着席しましょう。

☆…受験者　★…面接委員
☆ : Hello.
★ : Hello.
☆ : Here you are.（面接カードを手渡す）
★ : Please sit down.
☆ : Thank you.（着席）

② 名前と受験級の確認

面接委員があなたの氏名と受験する級の確認をします。その後，簡単なあいさつをしてから試験開始です。

★ : May I have your name, please?
☆ : My name is Obun Hanako.
★ : This is the grade 2 test. OK?
☆ : OK.
★ : How are you today?
☆ : I'm fine, thank you.

③ 問題カードの黙読

英文とイラストが印刷された問題カードを手渡されます。まず，英文を20秒で黙読するよう指示されます。英文の分量は60語程度です。

★ : Now, let's begin the test. Here's your card.
☆ : Thank you.
★ : First, please read the passage silently for 20 seconds.
☆ : All right.（黙読開始）

④ 問題カードの音読

問題カードの音読をするように指示されるの
で，英語のタイトルから読みましょう。時間制
限はないので，意味のまとまりごとにポーズ
をとり，焦らずにゆっくりと読みましょう。

★：Now, please read the passage aloud.
☆：OK.（タイトルから音読開始）

⑤ 4つの質問

音読の後，面接委員の4つの質問に答えます。
No. 1・2は問題カードの英文とイラストにつ
いての質問です。No. 3・4は受験者自身の意
見を問う質問です。No. 2の質問の後，カード
を裏返すように指示されるので，No. 3・4は
面接委員を見ながら話しましょう。

★：Now, I'm going to ask you 4 questions.
☆：Yes.

⑥ カード返却と退室

試験が終了したら，問題カードを面接委員に
返却し，あいさつをして退室しましょう。

★：Well, that's all, Could I have the card
　　back, please?
☆：Here you are.
★：Thank you. You may leave now.
☆：Thank you. Good bye.
★：Good bye.

二次試験対策におすすめ！
➡『10日でできる！　英検2級二次試験・面接　完全予想問題』
　定価1,260円（CD・DVD各1枚付）

第10日 レビューテスト

【注意事項】
① 解答にはHBの黒鉛筆（シャープペンシルも可）を使用し、解答を訂正する場合には消しゴムで完全に消してください。
② 解答用紙は絶対に汚したり折り曲げたり、所定以外のところへの記入はしないでください。

③ マーク例

良い例	悪い例
●	◐ ✖ ◑

 これ以下の濃さのマークは読めません。

解答欄

問題番号		1	2	3	4
1	(1)	①	②	③	④
	(2)	①	②	③	④
	(3)	①	②	③	④
	(4)	①	②	③	④
	(5)	①	②	③	④
	(6)	①	②	③	④
	(7)	①	②	③	④
	(8)	①	②	③	④
	(9)	①	②	③	④
	(10)	①	②	③	④
	(11)	①	②	③	④
	(12)	①	②	③	④
	(13)	①	②	③	④
	(14)	①	②	③	④
	(15)	①	②	③	④

問題番号			1	2	3	4	5
2	(16)	2	①	②	③	④	⑤
		4	①	②	③	④	⑤
	(17)	2	①	②	③	④	⑤
		4	①	②	③	④	⑤
	(18)	2	①	②	③	④	⑤
		4	①	②	③	④	⑤

解答欄

問題番号		1	2	3	4
3	(19)	①	②	③	④
	(20)	①	②	③	④
	(21)	①	②	③	④
	(22)	①	②	③	④
4	(23)	①	②	③	④
	(24)	①	②	③	④
	(25)	①	②	③	④
	(26)	①	②	③	④
	(27)	①	②	③	④

リスニング解答欄

問題番号		1	2	3	4
第1部	No.1	①	②	③	④
	No.2	①	②	③	④
	No.3	①	②	③	④
	No.4	①	②	③	④
	No.5	①	②	③	④
第2部	No.6	①	②	③	④
	No.7	①	②	③	④
	No.8	①	②	③	④
	No.9	①	②	③	④
	No.10	①	②	③	④

【注意事項】
①解答にはHBの黒鉛筆（シャープペンシルも可）を使用し、解答を訂正する場合には消しゴムで完全に消してください。
②解答用紙は絶対に汚したり折り曲げたり、所定以外のところへの記入はしないでください。

③マーク例

良い例	悪い例
●	◐ ✗ ◖

 これ以下の濃さのマークは読めません。

解　答　欄

問題番号	1	2	3	4
	(1)	①	②	③	④
	(2)	①	②	③	④
	(3)	①	②	③	④
	(4)	①	②	③	④
	(5)	①	②	③	④
	(6)	①	②	③	④
	(7)	①	②	③	④
	(8)	①	②	③	④
	(9)	①	②	③	④
1	(10)	①	②	③	④
	(11)	①	②	③	④
	(12)	①	②	③	④
	(13)	①	②	③	④
	(14)	①	②	③	④
	(15)	①	②	③	④
	(16)	①	②	③	④
	(17)	①	②	③	④
	(18)	①	②	③	④
	(19)	①	②	③	④
	(20)	①	②	③	④

問題番号	1	2	3	4	5
2 (21)	2	①	②	③	④	⑤
	4	①	②	③	④	⑤
(22)	2	①	②	③	④	⑤
	4	①	②	③	④	⑤
(23)	2	①	②	③	④	⑤
	4	①	②	③	④	⑤
(24)	2	①	②	③	④	⑤
	4	①	②	③	④	⑤
(25)	2	①	②	③	④	⑤
	4	①	②	③	④	⑤

解　答　欄

問題番号		1	2	3	4
3 A	(26)	①	②	③	④
	(27)	①	②	③	④
	(28)	①	②	③	④
	(29)	①	②	③	④
	(30)	①	②	③	④
B	(31)	①	②	③	④
	(32)	①	②	③	④
	(33)	①	②	③	④
4 A	(34)	①	②	③	④
	(35)	①	②	③	④
	(36)	①	②	③	④
B	(37)	①	②	③	④
	(38)	①	②	③	④
	(39)	①	②	③	④
	(40)	①	②	③	④
	(41)	①	②	③	④
	(42)	①	②	③	④
C	(43)	①	②	③	④
	(44)	①	②	③	④
	(45)	①	②	③	④

リスニング解答欄

問題番号	1	2	3	4
No.1	①	②	③	④
No.2	①	②	③	④
No.3	①	②	③	④
No.4	①	②	③	④
No.5	①	②	③	④
No.6	①	②	③	④
第1部 No.7	①	②	③	④
No.8	①	②	③	④
No.9	①	②	③	④
No.10	①	②	③	④
No.11	①	②	③	④
No.12	①	②	③	④
No.13	①	②	③	④
No.14	①	②	③	④
No.15	①	②	③	④
No.16	①	②	③	④
No.17	①	②	③	④
No.18	①	②	③	④
No.19	①	②	③	④
No.20	①	②	③	④
No.21	①	②	③	④
第2部 No.22	①	②	③	④
No.23	①	②	③	④
No.24	①	②	③	④
No.25	①	②	③	④
No.26	①	②	③	④
No.27	①	②	③	④
No.28	①	②	③	④
No.29	①	②	③	④
No.30	①	②	③	④